不安な時代の家計管理

林 總
Atsumu Hayashi

すみれ書房

装画・本文イラスト
上路ナオ子
装丁・本文デザイン
櫻井久、中川あゆみ（櫻井事務所）
編集協力
山崎潤子
校正
鷗来堂
DTP
つむらともこ

はじめに

かならず、光は見える
落ち着いて、知的に行動し、苦境を乗り越えよう

２０２０年初頭より、新型コロナウイルス感染症の脅威が全世界に広がり、私たちの生活は一変しました。

社会変容や経済の停滞により、失業や収入減に追い込まれてしまった人が多くいます。直接の経済的打撃がない人たちも、あちこちで「不安」という言葉を発するようになりました。

このままでは、まずいことになる。

そんな思いが強くなり、

・急に収入が減った人
・先行きの収入不安を抱えている人

に向けて、急ぎ家計管理の本を出すことにしました。

なぜ、「収入を増やす本」ではなく、「家計を管理する本」なのでしょうか。

それは、危機に面したときにもっとも大切なのが、現状を正しくマネジメントすることだからです。


ピンチのとき、いちばんやってはいけないことは、パニックを起こすことです。

「どうしよう、どうしよう」とパニック状態になっているとき、思考は停止しています。

さらに、パニックを起こすと、人は自暴自棄な行動に走ります。

長年続けた大事な事業を焦って廃業したり、よくない仕事に手を出したり。

追い込まれた末、みずからの命を絶つ人までいます。

私は、ただのひとりも絶対にそのような道に走ってほしくありません。

なぜ、私たちは不安になるのでしょう。

不安は「先が見えないこと」から生まれます。未来が不確実で、いま自分が何をすべきかがわからないから、不安が募るのです。


災害や疫病が起これば、どんな人でも多かれ少なかれ、不安になります。

しかし、実はお金（生活費・事業費）の目処が立てば、多くの場合不安は解消されます。

お金の余裕＝心の余裕。


何より、お金があれば考える余裕が生まれます。

だから、いのいちばんに家計をマネジメントしましょう。

落ち着いて、知的に、行動するのです。


収入が途絶えた、解雇された、売り上げがゼロになった……。

現状がどんなにひどい状態でも、正しい数字を机の上に乗せ、目に見える状態にすると、かならず光が見えてきます。やるべき「次の行動」がわかってきます。

目の前の現実に向き合い、いまやるべきことを考え、実行に移す。

その積み重ねで、困難を乗り越え、未来をつくることができるのです。


マネジメントの父、ドラッカーはこう言っています。

「未来を予測しようとすると罠にはまる。行なうべきことは、現在あるものをマネジメントすることである。そして将来ありうべきものや、あるべきものを自ら創造するべく働くことである」

＊『変革の哲学』（P・F・ドラッカー著　上田惇生編訳　ダイヤモンド社）

これから、家計を管理するあなたに、ピンチを切り抜ける術《すべ》を授けます。

本書の前半は、直近3カ月を生き抜くための、**「手を動かしてやるべき作業」**を書きました。

3カ月という時間は、当面のパニックや非常事態が去るにじゅうぶんな時間であると、歴史が教えています。

恐慌や戦争、疫病といった災いは、いつかかならず終わるときがきます。いつ終わるかはだれも知りませんが、かならず終わります。

ただし、二度とコロナ前の世界に戻ることはないでしょう。新しい時代に応じたお金との向き合い方を知る必要があります。

ですので、本書の最終章では、収入を増やすための方法を綴りました。ピンチを乗り越えたあと、以前よりも豊かになれる道を探れると、私は思っています。社会の変革は、現実をマネジメントできる賢さを身につけた人にとって、大きなチャンスとなるはずです。

この苦境を生き抜いて、人生の幸福度を上げるために、一歩を踏み出しましょう。

林　總

はじめに　3

第1章 財産目録をつくる

不安なときは、まず手を動かす　12
すべての財産を可視化する　13
手書きで財産を書き出していく　16
プラスの財産、マイナスの財産を書き出す　18
書き出すときの注意点　19
自宅の値段を調べるには　23
「純資産」を割り出す　25
家計の状態がひと目でわかる「複式簿記」　26
夫婦のお金は合算する　29
財産に取り崩しの「優先順位」をつけておく　30
1カ月に一度「財産目録」をつくる　32

第2章 過去3カ月の収支を書き出す

「予算・収支ノート」をつくる　36
収支をふたつの軸で考える　40
ざっくり・もれなく・正直につける　43
3カ月の平均を割り出す　46
昨年1年の特別支出を書く　46

第3章 この先3カ月の収支予算をつくる

赤字を乗り切るには「予算」しかない　52
家計の要、「支出」に切り込む　53

支出は家庭の価値観 55
3カ月間の緊急収支予算を立てる 57
費目は自由に設定する 62
こづかいの考え方 63
収支が合うまで何度も予算を組み直す 64
金額の大きなものに狙いを定める 65
「減らす」のではなく「やめる」 67
解約のための時間を確保する 74
1円でもいいから、貯蓄を続ける 76
家賃や住宅ローンが払えないときは、すぐに連絡する 77
住まいについての考え方 78
管理可能支出は、行動を見直すことから 80
やみくもに削ってはいけない 81
鉛筆で「気持ちやアイディア」を書き込む 83
現実的な予算なのか 84
貯金は「一時的に」取り崩す 86
有価証券のとらえ方 87
取り崩す貯金もないとき 88
給付や支援は一時的なこと。堂々と受ける 90
なぜ「3カ月間」なのか 92

第4章 甘えを断ち、予算内で生活する

3カ月間限定、いっさいの甘えを断つ覚悟 100
予算を守るシステム 101
費目ごとに管理する「封筒管理法」 102
週ごとか、半月ごとで大きく管理 105
予算内の生活をとことん楽しむ 106
キャッシュレスは家計を混乱させる 107
在庫を消化する 109

1カ月たったら家計を締める 111
ここまでにやることを総復習 112

第5章 絶対にやってはいけないこと

ある日突然、収入がゼロになっても、かならずリカバリーできる 116
最悪の事態を具体的に予想する 118
安易な借金をしないこと 120
目先のお金ばかり見ない 121
収入が10％になっても、なんとか続ける道を模索する 123
窮地のときこそ、「誠実さ」を忘れてはならない 125

第6章 平時を見据えて、収入を増やす

マネープレッシャーのない暮らしを目指して 128
収入を増やす4つの方法 129
長期的視点での種まき 132
時間をつくる準備をする 136
マニュアルワーカーから脱出し、テクノロジストになる 137
1年後、3年後、65歳時を考える 141
不動の北極星を決めておく 144
時間をお金で買う時代の次に来るもの 147
人生の三大支出をとらえ直す 149
おわりに　不確実な時代を生き抜くみなさんへ 153
支援制度一覧 159

第1章

財産目録をつくる

不安なときは、まず手を動かす

「お金がない、どうしよう」

「不安でたまらない、どうしよう、どうしよう」

と言う人に、

「いくら足りないのですか？」

「何が不安なのですか？」

と聞くと、多くの場合、具体的に答えることができません。

現状を具体的に把握せず物事を考えようとしているので、悩みや不安がむくむくとわいてくる、ともいえます。

家計不安の正体は、「数字がわからないこと」です。

いくら持っているか、いくら稼げるか、いくら出ていくかといった数字がぼんやりしているために、不安を増大させるのです。

数字を具体的に把握するために、次の手順にそって、まずは手を動かしましょう。

いまはまだ、よけいなことは考えなくて大丈夫です。

すべての財産を可視化する

この章では、「財産目録」というものをつくります。

財産目録とは、みなさんが持っているすべての資産を、洗いざらい明らかにするものです。

「あなたはいま、財産をいくら持っていますか？」と聞かれて、正確な金額を即答できる方は稀だと思います。その質問に即答できるよう、自分の財産をこまかく棚おろしするのです。

「財産」という言葉のイメージから、「うちには財産と呼べるものなんてない」と思われる方もいますが、財産には、現金、銀行預金、株などの有価証券はもちろん、自宅不動産など資産価値のあるもの（売却すればお金に換えられるもの）がすべて含まれます。

財産には2種類あります。

プラスの財産とマイナスの財産です。プラスの財産は現金、預金や有価証券、不動産など。マイナスの財産は住宅ローンなどの借金です。

財産目録をつくる目的は、このふたつの財産を正しく把握することです。

取り掛かる前に、かんたんな準備が必要です。

準備① ２冊の新しいノートを準備する

大きさはＡ５～Ｂ５サイズ、シンプルで書きやすいものをおすすめします。

ノートを２冊準備する理由は、目的が違うからです。

準備② １冊目の表紙に「財産目録」と書く

もう１冊は第２章で使いますので、
ひとまずテーブルの隅に寄せておきましょう。

準備③　すべての通帳を用意する。残高を記帳しておく

メインバンクだけでなく、持っている口座すべての通帳を用意して残高を記帳をしておきます。オンライン化していて、口座にいくらお金が入っているかが、パソコン上やスマホでわかるならば、通帳は必要ありません。

準備④　手元の現金を集める

お財布、貯金箱など、家じゅうのすべての現金を1カ所に集めます。

準備⑤　有価証券・貯蓄型保険などの証書を準備

株式や投資信託、貯蓄型保険を解約し現金化するとしたらいくらなのか、のちほど調べますので、保険証書などの資料を準備しましょう。

準備⑥　借金の明細がわかるものを出しておく

住宅ローンの残金やカードローンの明細など、数字がわかる書類を用意します。

そのほかデパートの商品券やQUOカードなど、現金化できるものがあれば、すべて集めてください。

手書きで財産を書き出していく

表紙に「財産目録」と書いたノートに、文字通りあなたの財産を書き記していきます。

作業は、手書きでおこないましょう。

パソコン上で数字を管理しようとすると、「数字の実感」がわきません。特に、赤字のときに痛みを感じにくいようです。

これから書き記していく数字は、重要なものですので、数字を心に刻みつけてほしいのです。

もちろん、計算には電卓やパソコンを使ってかまいません。

どうしてもエクセル（表計算ソフト）で管理したい方は、プリントしてそれをノートに貼るだけでも、心に印象づけることができます。ぜひ、ひと手間かけてみてください。アナログな方法ですが、「1冊のノートにまとまっている」ということが、心理的にもあなたの強い「武器」になるのです。

プラスの財産、マイナスの財産を書き出す

では、実際にノートに書いてみましょう。

まず、日付を書きます。これは何月何日時点の財産なのかを、わかるようにしておくためです。

そして、プラスの財産とマイナスの財産をそれぞれリストアップし、書き出します。マイナスの財産（借金）も、正直に書き出しましょう。ここで嘘やごまかしがあると、家計の不安をなくすことはできません。

【プラスの財産】（現金およびお金に換えられるもの）

①財布のなか、家のなかにある現金すべて
②銀行にあるすべての預金（普通預金、定期預金、積立預金など）
③財形貯蓄

財産目録　（○月○日現在）

プラスの財産

手元現金		○○○円
普通預金	○○銀行	○○○円
定期預金	○○信金	○○○円
定期積金	○○銀行	○○○円
財形貯蓄	△△銀行	○○○円
株式	○○サービス	○○○円
株式	○○テクノロジー	○○○円
不動産	自宅	○○○円（売却可能額）
合計		○○○円　①

マイナスの財産

住宅ローン残高	○○銀行	○○○円
奨学金ローン残高	□□銀行	○○○円
合計		○○○円　②

純資産	① − ② ＝ ○○○円

④有価証券（株式、投資信託、国債など）
⑤不動産
⑥その他の金融資産（貯蓄型保険、年金型保険など）
⑦その他の財産（金、貴金属、車など）

【マイナスの財産】（借金やローン）
❶住宅や車などのローン残高
❷その他の借金（奨学金債務、クレジット会社の残債）

書き出すときの注意点

はじめての人は要領がわかりにくいので、

順番に説明していきます。

【プラスの財産】（現金およびお金に換えられるもの）

①財布のなか、家のなかにある現金すべて

財布のなかはもちろん、引き出しの隅の小銭まで、家のなかにある現金すべてをかき集めて集計します。平時であればへそくりは許容したいところですが、いまは緊急時です。涙を呑んで集計しましょう。

②銀行にあるすべての預金（普通預金、定期預金、積立預金など）

家にあるすべての預金通帳を記帳し、残高を調べます。ネット銀行の残高も確認します。

③財形貯蓄

勤務先で財形貯蓄をおこなっている人は、現在額を調べます。銀行から送られてくる通知、あるいはインターネットで調べた現在額を書き入れましょう。

④有価証券（株式、投資信託、国債など）

株式や投資信託などを保有している人は、すべてリストアップします。証券会社のサイトなどで、現在の評価額を調べます。

⑤不動産

自宅の土地や建物、マンションを所有している人は、売却可能額を調べます。ネットの不動産広告サイトなどで、立地、坪数、築年数などが同程度の不動産を検索し、売り出し価格を参考にしましょう。

別荘や賃貸物件など、自宅以外の不動産を持っている場合も同様に、売却可能額を調べます。

⑥その他の金融資産（貯蓄型保険、年金型保険など）

掛け捨てではなく、貯蓄型の保険がある人は、これまでに積み立てた保険料の累計を調べておきます。保険証書を確認して、解約返戻金（保険を中途解約したときに受け取る金額）の目安も調べておくとよいでしょう。

⑦その他の財産（金、貴金属、車など）

金（ゴールド）を持っている場合は、現在の金価格から買い取り価格を調べます。車やバイク、貴金属なども、売却額の目安がわかるものがあれば調べてリストアップしましょう。ただし、ブランドのバッグなどは価値が定まらないため除外します。

【マイナスの財産】（借金やローン）

①車や住宅などのローン残高

住宅ローンや車のローンの残高を調べます。銀行から送られてくる残高証明書や返済予定表、あるいはウェブサイトなどで確認できます。

②その他の借金（奨学金債務、クレジット会社の残債）

カードローン、奨学金などの残債がある人は、金額をきちんと調べておきます。

自宅の値段を調べるには

できるだけ正確に不動産価格を調べたいという人のために、便利なサイトを紹介しておきます。

・レインズ不動産取引情報提供サイト（全国4個所の不動産流通機構が運営）

http://www.contract.reins.or.jp/

過去1年間に実際に成約した不動産取引情報を見ることができます。都道府県、地域、マンションか一戸建てかなどを入力して、条件の近い不動産取引から価格を推定します。

・土地総合情報システム（国土交通省）

https://www.land.mlit.go.jp/webland/

公示地価（国土交通省が調査した土地の基準価格）を調べられるサイトです。国土交通省が不動産取引をおこなった人を対象にしたアンケート結果から、不動産取引価格情報を検索することも可能。サイトの地図をクリックするだけでかんたんに検索できます。

さて、ふたつの財産のリストアップはいかがでしたか？

たくさんの項目を調べて、もうへとへとだという人もいるでしょう。あるいは預貯金と現金だけだから、すぐに終わったという人もいるかもしれません。

銀行口座が多すぎて集計が大変だったという人は、管理しやすいように口座をまとめておくきっかけになったかもしれません。

特に不動産や保険は、ふだん意識していないぶん調べるのに時間がかかったのではないでしょうか。

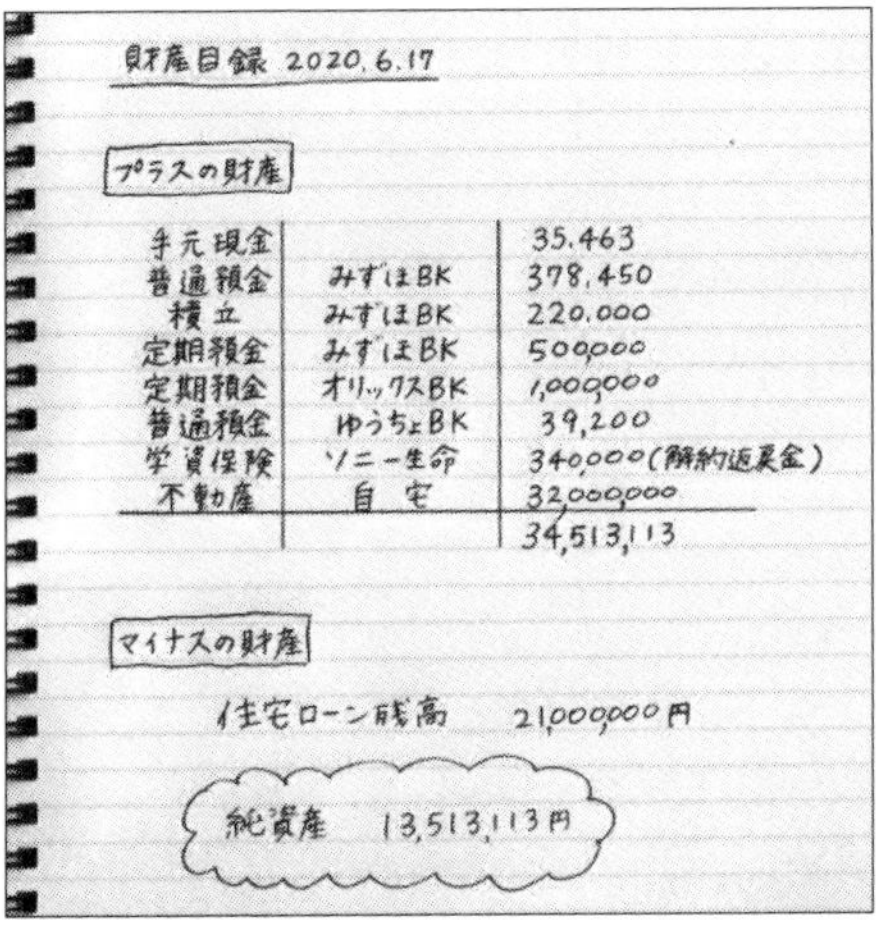

財産目録 2020.6.17
プラスの財産
手元現金 35,463
普通預金 みずほBK 378,450
積立 みずほBK 220,000
定期預金 みずほBK 500,000
定期預金 オリックスBK 1,000,000
普通預金 ゆうちょBK 39,200
学資保険 ソニー生命 340,000(解約返戻金)
不動産 自宅 32,000,000
34,513,113
マイナスの財産
住宅ローン残高 21,000,000円
純資産 13,513,113円

財産目録記入例。

「純資産」を割り出す

では、次の作業に移ります。

プラスの財産の合計から、マイナスの財産の合計を差し引いてください。すると、家計の「純資産」を割り出すことができます。

住宅ローンがある人は、この数字がマイナスになることもあるでしょう（住宅ローンによるマイナスは、現時点であまり気にする必要はありません）。

ここでは「いまの現実」を数字で正確に知ることに意義があります。

「意識していなかったけれど、借金がかなり多いことがわかった」

「不動産を入れたら、思ったよりもたくさんの財産があった」

「純資産はプラスだが、手持ちの現金が少ない」

など、いろいろな気づきがあったのではないでしょうか。

一度この作業をやりとげることで、自分の全財産を可視化することができます。

家計の純資産の増減と推移を把握することは、家計管理の基本です。

家計の状態がひと目でわかる「複式簿記」

みなさんがいまつくっている財産目録は、会計用語でいうところの「複式簿記」の考え方にもとづいたものです。

「今日は○○円使った」「今月の給料が○○円だった」という、いわゆる家計簿のような記録は、「単式簿記」です。単式簿記では、単純な収支（お金の出入り）を記録します。

対して複式簿記は、現金収支と財産、債務の状況を同時に見るためのものです。

3000万円で家を買った場合、単式簿記では「△3000万円」とマイナスになるだ

単式簿記と複式簿記

●損益計算書（家計簿）：業績がわかる

収入	支出
…………………	…………………
…………………	…………………
…………………	…………………
…………………	…………………
…………………	…………………
…………………	…………………
…………………	…………………

今期の業績（利益）

収入と支出（お金の出入り）がわかる。

●貸借対照表（財産目録）：財務状況がわかる

借方	貸方
資産	負債
	純資産（資産ー負債）

いままでの利益の累計

資産と負債のバランスがひと目でわかる。

- 単式簿記（上）は業績のみ
- 複式簿記（下）は業績も財務状況もわかる

けですが、複式簿記では同時に３０００万円の不動産（財産）を手に入れることができたと見るので、財務状況はプラスマイナスゼロになります。

複式簿記の結果は損益計算書と貸借対照表で要約されますが、家計簿は損益計算書、財産目録は貸借対照表にあたります。

先ほど、プラスの財産とマイナスの財産の差額で割り出した純資産は、単式簿記では見えてこない正味の財産なのです。

一般的に複式簿記は、会社の経営状況、財務状況を見るためのものです。

「経営や財務なんて家計には関係ない」と思うかもしれませんが、家計を預かるみなさんは一家の経営者でもあります。

世の中には、会計にうとい経営者と会計に明るい経営者がいます。

会計にうとい経営者は、売り上げが足りないと手元のお金だけを見て、「お金がない、お金がない」と騒ぎます。

会計に明るい経営者は、複式簿記が頭に入っていて、具体的に「これだけの資産があるが、負債は○○円だから苦しい」と言えます。家計を預かる人は、ぜひ会計をわかっている賢い経営者の視点を得て、全体の財務状況を見るようにしてください。

夫婦のお金は合算する

財産目録は「家計」を把握するためのものですから、パートナーがいる人は財産を合算します。しかし共働き家庭では、夫婦別財布制といって、夫と妻がそれぞれ自分の稼いだお金を管理することが多いかもしれません。

実は、家計管理の原則を説明した前著『正しい家計管理』で、夫婦の会計を一元管理すること、という原則を立てたところ、かなり難しかった家庭もあったようです。

夫婦の価値観はそれぞれでしょうが、一元化したほうが預金も貯まりやすく、緊急時にも強い家計となります。

まずはパートナーに情報をオープンにできないか相談してみましょう。「それぞれの預金をすべて明らかにしなくてもいいから、家のお金として使ってもよい預金を教えて」と交渉してみてください。

承諾を得られない場合は、いまあなたに見えているお金でまずは財産目録をつくって、それを相手と共有することからはじめてみましょう。

財産に取り崩しの「優先順位」をつけておく

次の作業です。

先ほどつくった「財産目録」に、取り崩す順番を書いておきます。

「日々のお金が足りなくなった場合、ここからお金をもってこよう」というところまで見える化してはじめて、使えるノートになります。

一般的に、取り崩しやすいのは流動性の高い現預金です。金融用語で流動性とは、「現金への交換しやすさ」です。定期預金よりも普通預金のほうが流動性が高い財産といえます。同じ貯蓄でも、勤務先の財形貯蓄などは取り崩しにくい財産です。

また、目的もなく貯めていたお金と、子どもの教育費として貯めておいたお金では、取り崩しの順位が違います。そういったこともイメージしながら、順番をつけます。

いざとなれば貯蓄型保険の解約なども考えられますが、子どもの学資保険などにはでき

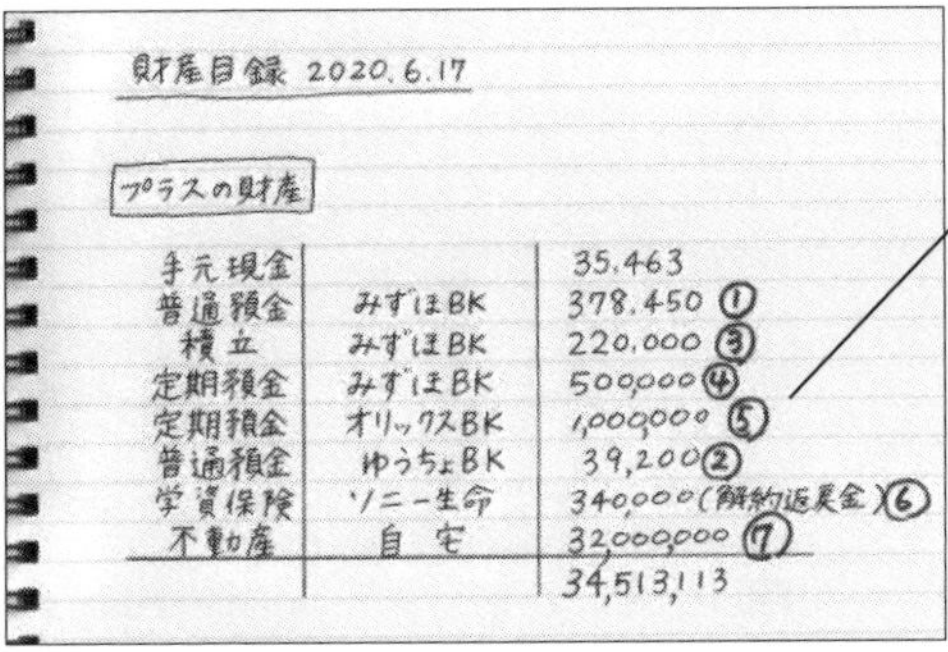

財産目録 2020.6.17

プラスの財産

手元現金		35,463
普通預金	みずほBK	378,450 ①
積立	みずほBK	220,000 ③
定期預金	みずほBK	500,000 ④
定期預金	オリックスBK	1,000,000 ⑤
普通預金	ゆうちょBK	39,200 ②
学資保険	ソニー生命	340,000（解約返戻金）⑥
不動産	自宅	32,000,000 ⑦
		34,513,113

取り崩しの優先順位。
メモ程度でよいので
書き込んでおく。

るだけ手をつけずにおきたいものです。

また、株式や投資信託などの有価証券は、流動性は高いのですが、価格が上下するので、場合によっては損をしてしまうことも考えられます。

もっとも流動性の低い財産といえば、不動産です。不動産は売却に手間と時間がかかりますし、いくらで売れるかという明確な判断ができません。

それに、住まいを失っては路頭に迷ってしまいます。自宅は本丸ですから、取り崩すとすれば、最後の選択になるというケースが多いと思います。

一般的な取り崩しの優先順位は、①現金、②預貯金、③有価証券、④保険、⑤不動産といった順番になるでしょう。

ただ、取り崩しの順番は、その人の価値観によります。

たとえば、流動性の低い不動産であっても、

「いまは都心の分譲マンションに住んでいるが、都心より郊外で子育てしたいから、最初に現金化して取り崩す」

といった人もいるでしょう。

重要なのは、困ったときにこのお金を使おう、という順番を決めておくことです。

1カ月に一度「財産目録」をつくる

あなたの家に、いくら財産があるか、いくら借金があるか書かれたこのノートは、あなたの武器になります。

状況は刻一刻と変わりますので、古い武器は使えません。

月に1回、財産目録を更新する作業をおこない、アップデートしましょう。

原則は、1円でもいいので、前の月より純資産が増えていること。

……なのですが、大幅な収入減、失業などで、マイナスの財産のほうが増えてしまうこともあるでしょう。

大丈夫です。緊急事態であればあるほど、資産を増やすことよりも、「嘘のない財産目録」であることのほうが大事なのです。

マイナスの財産がどんどん増えていったとしても、このノートは、知的に作戦を立てるための第一の武器です。

《次章に進む前に》 このページまでにかならずやるべき作業です。

□ノートを2冊用意し、財産目録をつくる

□プラスの財産からマイナスの財産を引いて純資産を出す

□財産目録に「貯金を取り崩す」優先順位を書いておく

《余裕のあるときに》 時間と心に余裕ができたらやっておきましょう。

□口座を整理（使っていない銀行口座を整理。なるべくシンプルにすると管理しやすい）

□オンラインバンキング化（通帳記帳の手間を省く）

第2章

過去3カ月の収支を書き出す

「予算・収支ノート」をつくる

第1章で、1冊目のノートに「財産目録」を記入しました。

財産目録で、家計の正確な「現状把握」ができたことと思います。

この章でやることは「収支の現状把握」です。収支とは、キャッシュ・フロー（お金の流れ）です。毎月いくらお金が入ってきて、毎月いくらお金が出ていくのかということをつかんでいきます。

財産と収支は別のものなので、わざわざノートを別にしています。

では、準備をはじめましょう。

準備① 第1章で使わなかった、もう1冊のノートを準備する

ノートの表紙に「予算・収支ノート」と書きます。

準備②　38ページと39ページの「3カ月収支表」「昨年の特別支出表」をコピーする

拡大コピーし、ノートに貼ります。

この表はすみれ書房のホームページからデータをダウンロードすることもできるので、ダウンロードしたファイルをプリントアウトしたものでもけっこうです。

準備③　過去3カ月分の支払い明細を集める

財産目録をつくるときにかき集めた家じゅうの通帳に加え、クレジットカードの明細やレシート（直前3カ月のもの）を準備します。

家計簿をつけている場合は家計簿も手元に用意します。

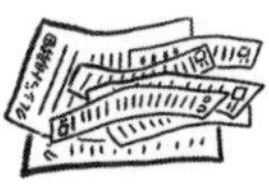

3カ月収支表

			月	月	月	平均
収入(手取り)	給与					
	パート代・臨時収入					
	計					
管理不能支出	生活費	住居費(家賃・管理費)				
		電気ガス水道費				
		新聞代				
		その他				
		計				
	通信費	固定電話				
		インターネット				
		携帯電話				
		その他				
		計				
	サブスクリプション代	動画・音楽配信				
		マンガ・本				
		その他				
		計				
	教育費	授業料				
		給食代				
		保育料(学童費)				
		塾代				
		その他				
		計				
	健康医療費	ジム会費				
		その他				
		計				
	車両関係費	駐車場代				
		自動車保険料他				
		計				
	保険料	生命・医療保険料				
		損害保険料				
		健康保険料(介護保険含む)				
		その他				
		計				
	ローン返済	住宅ローン				
		自動車ローン				
		奨学金ローン				
		その他				
		計				
	管理不能支出合計					
預金						
管理可能支出	生活費	食費				
		交通費				
		日用品費				
		こづかい				
		衣服費				
		その他				
		計				
	交際娯楽費	娯楽費				
		交際費				
		外食費				
		旅行費				
		その他				
		計				
	健康医療費	診療代				
		市販薬代他				
		計				
	教養費	図書代他				
	車両関係費	ガソリン代他				
	管理可能支出合計					
預金＋支出計						
収支差						

データダウンロード　https://sumire-shobo.com/dl-9784909957061

昨年の特別支出表

	支出内容	金額		支出内容	金額
1月			7月		
2月			8月		
3月			9月		
4月			10月		
5月			11月		
6月			12月		

データダウンロード　https://sumire-shobo.com/dl-9784909957061

収支をふたつの軸で考える

収支は、

①毎月決まっているもの（月次）
②年に何度か発生するもの（特別費）

の2種類に分類できます。

雑誌の家計簿診断などでは、いつも①の月次収支ばかり着目されていますが、実は②の特別費こそ見逃せない大きな出費です。

直近の3カ月を生き抜くためには、ざっくり1年の特別費を頭に入れておかねばなりません。

そこで、先ほどコピーしたふたつの表（38ページ、39ページ）に記入してみましょう。

「3カ月収支表」には、直前3カ月の収支を書き込んでいきます。

いまが9月なら、6月、7月、8月の収支です。

まずは収入を記入します。

給与、パート代などを書き込んでいきます。給与が振り込まれる通帳を確認すれば、すぐに金額がわかります。児童手当や年金がある人はそれらも書き込んでいきます。共働きの場合、夫と妻のそれぞれの収入を手取り額で記入してください。

次は支出を記入します。

実は、ここがこの章の難所です。

ふだん家計簿をつけているという人なら、比較的容易にこの表を埋めることができるでしょう。家計簿をつけていない、あるいはつけたことがないという人にとっては、かなり面倒な作業です。早くも挫折しそうになっている人もいるのではないでしょうか。

しかし、大事な作業です。休憩を入れつつ、がんばってやりとげましょう。

家賃や住宅ローン、保険料、習い事など、月々いくらと決まっている支出については、正確な数字を記入することができます。光熱費や携帯電話、インターネットなどの通信費は、通帳やクレジットカード明細で引き落とし額を見ればわかります。

ふだん家計簿をつけずに、どんぶり勘定で過ごしてきた人の場合、わかりにくいのが食費や外食費、日用品費、衣服費、娯楽費といった支出です。直近1週間のレシートを集めてみたり、自分の行動を思い出してみたりすることで類推できます。

とにかく表を埋めることを優先します。

ざっくり・もれなく・正直につける

ここまで読んで、「どうしても3カ月の支出を書くのは無理だ」という場合は、前月のみ（直前の1カ月分）でもかまいません。その場合は、できるだけくわしく記入してください。

また、これまでいくら使っていたのか、皆目見当もつかないという人は、1カ月だけでも、家計簿をつけてみてください。

この表を埋める意味は、直近の家計収支の傾向を把握することにあります。どんな用途にいくらお金を使ったかという実績を見るためです。

どんぶり勘定の人は、「食費は約8万円、日用品費が1万円くらいだったはず」というように、金額は多少「ざっくり」でもかまいません。

気をつけてほしいのは、項目を「もれなく」書くということです。

スマホのアプリでの課金、つい立ち寄ったカフェでのお茶代、コンビニでの数百円の買い物など、使ったことを忘れてしまうような支出というのは、意外とたくさんあるものです。そういった支出は、お茶代、コンビニ代、スマホアプリ代などと費目をつくり、記入していきましょう。

また、ママ友とのランチ、ゴルフやスポーツ観戦、観劇などのように、趣味嗜好で使った一定額以上のお金は、「ママ友ランチ代」、「ゴルフ費」のように別枠で記入しておいてもよいでしょう。

本来、家計管理をやりやすくするためには収支の費目の数は少ないほうがよいのですが、いまがピンチであればあるほど、こまかく書き込んでください。自分が何にいくら使っているのかをしっかり見つめていただきたいのです。

38ページの表の費目が自分の家計に合わなかったら、データをダウンロードして調整したり、修正液で費目を書きかえたりしてください。

財産目録と同様、この表を正直に書くことを心がけましょう。他人に見せるものではありませんから、見栄を張る必要はありません。

「3カ月収支表」記入例(東京近郊在住、4人家族、共働き、子ども小学生ふたり)

			6月	7月	8月	平均
収入(手取り)	給与	夫婦合計	450000	453000	467000	456666
	パート代・臨時収入	児童手当	80000	0	0	26666
	①計		530000	453000	467000	483333
管理不能支出	生活費	住居費(家賃・管理費)	0	0	0	0
		電気ガス水道費	21000	19800	20300	20366
		新聞代	4037	4037	4037	4037
		計	25037	23837	24337	24403
	通信費	固定電話(インターネット込み)	8588	8588	8588	8588
		携帯電話	21000	19870	18920	19930
		計	29588	28458	27508	28518
	サブスクリプション代	WOWOW	2530	2530	2530	2530
		動画配信(Netflix)	800	800	800	800
		マンガ・本(めちゃコミ)	550	550	550	550
		アマゾンプライム	500	500	500	500
		計	4380	4380	4380	4380
	教育費	学童保育	4500	4500	4500	4500
		給食代	5500	5500	5500	5500
		塾代	33000	33000	33000	33000
		ピアノ	7000	7000	7000	7000
		剣道	2000	2000	2000	2000
		計	52000	52000	52000	52000
	保険料	都民共済	5000	5000	5000	5000
		学資保険料(ソニー生命)	22905	22905	22905	22905
		計	27905	27905	27905	27905
	ローン返済	住宅ローン	89500	89500	89500	89500
	管理不能支出合計		228410	226080	225630	226706
預金			50000	50000	50000	50000
管理可能支出	生活費	食費	89500	112300	98000	99933
		日用品費	12400	3500	6850	7583
		こづかい	50000	50000	50000	50000
		衣服費	0	0	38700	12900
		計	151900	165800	193550	170416
	交際娯楽費	娯楽費	7800	5890	0	4563
		交際費(食事会、手土産他)	12500	5000	7850	8450
		外食費	5800	3850	5900	5183
		計	26100	14740	13750	18196
	健康医療費	診療代(血液検査)	1890	0	0	630
		市販薬代他(鉄剤)	980	0	0	326
		計	2870	0	0	956
	教養費	図書代	3850	5500	1470	3606
	車両関係費	ガソリン代他	1250	5900	1980	3043
	管理可能支出合計		185970	191940	210750	196217
②預金+支出計			464380	468020	486380	472923
収支差			65620	-15020	-19380	10410

3カ月の平均を割り出す

直前3カ月の収支を「3カ月収支表」に記入し終えたら、収入と支出の1カ月の平均値を割り出します。

家計では、毎月まったく同じ金額が出入りするわけではありません。洋服を多めに買いすぎた月もあれば、冷暖房費がかかる月もあります。

少なくとも直前3カ月間の収支の平均値を割り出すことができれば、ある程度正確な平均的収支がわかります。

昨年1年の特別支出を書く

さて、次は年間の特別費です。

こちらも過去を振り返って、金額はざっくりでいいので「もれなく」項目を書いてみま

特別費の費目例

住宅	・賃貸住宅の更新料 ・引っ越し代 ・家の修繕費
保険・税金	・固定資産税 ・地震保険、火災保険 ・自営業者の所得税や住民税、年金保険料など ・年払いの保険
車	・車の買い替え ・自動車税、自動車重量税 ・車検代
衣服・美容費	・洋服代 ・化粧品代 ・美容院代
交際費	・お中元、お歳暮 ・祝儀 ・香典 ・プレゼント ・差し入れ
帰省代	・交通費 ・お土産代 ・お年玉
教育費	・習い事の発表会などの費用 ・夏季講習、冬季講習代 ・受験料 ・入学金 ・制服代、体操服など指定学用品、ユニフォーム代など ・図書費 ・修学旅行、ホームステイ、留学費
イベント・趣味	・七五三代 ・旅行費 ・映画やコンサート、スポーツ大会などイベントにかかる費用
ペット費	・予防接種代 ・トリミング代 ・ペットホテル代(旅行費に含めてもよい)
医療費	・人間ドック ・歯の治療費

「昨年の特別支出表」記入例

	支出内容	金額		支出内容	金額
1月	お年玉 お正月いろいろ 夫B.D ソニー生命(年払)	15,000 28,000 15,000 27753	7月	夏季講習 学童ケータリング ピアノ発表会 〃ビデオ	180,000 8,000 15900 12,000
2月	ルンバ修理代	11,067	8月	帰省 キャンプ	250,000 35,000
3月	団信 箱根旅行 ピアノ調律	79,000 94,866 13,200	9月	子ども①B.D	20,000
4月	母 B.D 浄水器カートリッジ 子供服 植木剪定	13,200 11,001 5,940 29,800	10月	子供服・くつ ゴミ箱、シーツ (家の大きな買い物)	19,800 25,000
5月	母の日 地震保険 軽自動車税 自転車保険① 子ども・くつ服	10,000 41,130 10,800 3,990 13,350	11月	子ども②B.D 車損害保険	18,000 62,000
6月	固定資産税 父の日 自転車保険②	148,100 12,321 3,990	12月	クリスマス 冬季講習	35,000 150,000

しょう。とにかく「月次ではない」支出で、何にいくら使ったのかを知るためです。内容を把握するためのもので、費目を正しく仕訳するものではありません。

たとえば、子どもの七五三で、自分の洋服を新調し、写真を撮り、親族と食事をしたとします。その内訳を、衣服費、イベント費、交際費と分けていたら、見直したときに理解できません。ここは、「七五三の代金」としてすべてまとめて記しておきましょう。

年払いの支払い項目については、ふだん忘れていることが多いので、漏れがないよう47ページに項目例をあげてみました。参考にしてみてください。ここまでノートに記入し終えたら、ひと区切り。お茶でも飲んで、休憩しましょう。

次の章からは、「予算」に切り込んでいきます。

《次章に進む前に》このページまでにかならずやるべき作業です。

□予算・収支ノートをつくる

□過去3カ月の収支を書き込み、平均を出す

□昨年1年間の特別支出を書き込む

《余裕のあるときに》時間と心に余裕ができたらやっておきましょう。

□引き落とし口座をできるかぎりまとめておく（できればひとつにしておくと、支出管理がしやすくなります）

第3章

この先3カ月の収支予算をつくる

赤字を乗り切るには「予算」しかない

前章までの作業で、過去3カ月間の収支を書き込み、平均値を割り出しました。さらに、年間の特別支出も把握できました。

おつかれさまでした。

月次の収支では、黒字だった人も、赤字だった人もいると思います。

この数字の内容について、それほど気にする必要はありません。なぜならば、第2章で出した数字は過去の数字だからです。

この章では直近の3カ月を乗り切るための、最後の武器をつくります。

それは「予算を立てる」ことです。

これからの収支を現実的に、計画するのです。

第2章での面倒な作業は、実現可能な予算を立てるための大切な準備でした。

よく雑誌のマネー特集などで、「食費は5万円以内に」「水道光熱費は1万円以内に」といった文言を見かけることがあります。しかし、何にどれだけお金をかけるかは、人それぞれです。収入、家族構成や年齢、ライフスタイル、住居形態、地域などによっても差が生まれるものです。

予算を立てるときは、自分の支出傾向がわからないと、絶対にうまくいきません。

でもみなさんは、大丈夫です。みずからの家計の実態をあぶりだすために、大変な作業を乗り越えたのですから。

家計の要、「支出」に切り込む

早速、「予算を立てる」作業に入りましょう。

家計は、「収入（入ってくるお金）」と「支出（出ていくお金）」によって成り立っています。これまでの人生の「収入と支出の結果」が、第1章で割り出した「財産」です。

多くの人は、収入が減ると不安になり、収入が増えると安心します。つまり収入の増減によって、精神的に落ち込んだり、舞い上がったりするということです。

「給料が下がった。どうしよう」「この収入では生活していけない」という不安によって、本書を手にとった人も多いのではないでしょうか。

しかしそう考えるのは、収入ばかりにとらわれているからです。

前著『正しい家計管理』の帯に、

どんぶり勘定は、低収入より、恐ろしい。


と書きました。

30年前、結婚するときの私の預金は6万円でした。一方、年収が私の半分以下だった妻は、読書や旅行などの趣味を満喫した上で、7桁の預金を貯めていました。

公認会計士という仕事柄、たくさんの企業や経営者を見てきましたが、破綻する人は収入以上の生活をする人です。100万円の収入であっても130万円で暮らす人のいかに多いことか。

収入は多いに越したことはありませんが、なかなかコントロールすることができません。給料はそうかんたんには上がらないし、収入アップを狙った転職も成功率は低いからです。

それよりも、支出をコントロールすることのほうが、はるかに現実的です。

お金の使い方を見直し、支出を2万円抑えることができれば、2万円収入が上がったのと同じこと。20万円の収入で18万円で暮らせば2万円の黒字です。

要は、収支が合いさえすれば破綻しないわけです。

支出は家庭の価値観

予算とは、何にいくら使うか決めることです。

このとき、「○○円かかる」という言葉を使わないでください。「かかる」ではなく「かける」という言葉を使いましょう。なぜならば、支出の内容は主体的に、自分の価値観に応じて決めてほしいからです。

本書は、緊急時を想定しています。最低限の支出になるでしょうから「かかる」と言いたくなるかもしれませんが、それでも「ここにはこれだけお金をかける」と意思を反映する言葉で現状をマネジメントしていきます。

実は緊急時の家計管理こそ、受け身になるとうまくいきません。

自身の価値観を見つめ、優先順位が低いところは、バッサリと切ることが必要だからです。

「いま、車はほんとうに必要だろうか」
「塾や習い事を続けさせる意味はあるのか」
「食費をむやみやたらに削ることは、家族の価値観に合っているのか」
「都心に住むメリットとデメリットは？」

このように、自問自答をし、家族で話し合い、支出の内容を決めていきます。

削るのではなく、価値を積み重ねる意識で予算を立てるのです。ですから、同じ意味で「節約」という言葉は使いません。節約するのではなく、「価値を選択・集中させる」という考え方でやってみましょう。

3カ月間の緊急収支予算を立てる

準備　58ページと59ページの表を拡大コピーする

収支が合うまで何度も予算組みにチャレンジしますので、あらかじめ数枚予備のコピーを用意しておくとよいでしょう。エクセルファイルをダウンロードする場合は、表の下のURLからおこなってください。

①収入予算を書き出す

まずは、「直近3カ月を生き抜く予算表」（59ページ）を手元に用意します。この先3カ月間、家計にお金がいくら入ってくるのか予測して書き込みます。

会社員は給与の手取り額、フリーランスの人は、ギャランティーの入金予定額を書き込みます。仕事で得られる収入のほか、給付金や補助金、公的融資を受けられる場合は、そ

特別支出予算表

	支出内容	金額		支出内容	金額
1月			7月		
2月			8月		
3月			9月		
4月			10月		
5月			11月		
6月			12月		

データダウンロード https://sumire-shobo.com/dl-9784909957061

直近3カ月を生き抜く予算表

			月	月	月
収入 （手取り）	給与①				
	給与②				
	ボーナス				
	パート代・臨時収入				
	貯金の取り崩し				
	①計				
年間の 特別支出	特別費	費			
		費			
		費			
		費			
		計			
管理不能支出	生活費	住居費（家賃・管理費）			
		電気ガス水道費			
		費			
		費			
		費			
		計			
	通信費	固定電話			
		携帯電話			
		費			
		費			
		計			
	サブスクリプション代	動画・音楽配信			
		費			
		費			
		計			
	教育費	授業料			
		給食代			
		費			
		費			
		費			
		費			
		計			
	健康医療費	費			
		費			
		計			
	車両関係費	駐車場代			
		自動車保険料他			
		計			
	保険料	健康保険料（介護保険含む）			
		国民年金保険料			
		費			
		費			
		費			
		計			
	ローン返済	住宅ローン			
		自動車ローン			
		費			
		計			
	管理不能支出合計				
預金					
管理可能支出	生活費	食費			
		交通費			
		日用品費			
		こづかい			
		費			
		費			
		計			
	交際娯楽費	娯楽費			
		交際費			
		費			
		計			
	健康医療費	診療代			
		市販薬代他			
		計			
	教養費	図書代他			
	車両関係費	ガソリン代他			
	管理可能支出合計				
②預金＋支出計					
収支差					

データダウンロード　https://sumire-shobo.com/dl-9784909957061

れらも記入してください。ミニマム（最小値）とマックス（最大値）の収入予想ができるでしょうが、この予算表にはミニマムを書いておきます。確実な収入予測をすることで破綻のない予算組みをします。

②支出予算を書き出す

最初に年間の特別支出の予算を組みます。58ページの表のコピーを用意し、第2章で出した昨年1年間の支出（46ページ）を参考に今年の予算を書き込みます。ここでしっかり把握しておけば、忘れたころに固定資産税の請求がやってくる、ということはないはずです。

次に、59ページの予算表に戻ります。同じく第2章で出した「過去3カ月の支出表」を見ながら、現時点で減らせる支出を考えて書き入れていきます。「毎月かならず出ていくお金」を入れたら、特別支出のところに直近3カ月に発生する支出を入れていきます。

「直近3カ月を生き抜く予算表」記入のポイント

この先3カ月を記入

どうしても収支が合わないとき、貯金を取り崩す（86ページ参照）

			月	月	月
収入（手取り）	給与①				
	給与②				
	ボーナス				
	パート代・臨時収入				
	貯金の取り崩し				
	①計				
年間の特別支出	特別費	費			
		費			
		費			
		費			
		計			
管理不能支出	生活費	住居費（家賃・管理費）			
		電気ガス水道費			
		費			
		費			
		費			
		計			
	通信費	固定電話			
		携帯電話			
		費			
		費			
		計			
	サブスクリプション代	動画・音楽配信			
		費			
		費			
		計			
	教育費	授業料			
		給食代			
		費			
		費			
		費			
		費			
		計			
	健康医療費	費			
		費			
		計			
	車両関係費	駐車場代			
		自動車保険料他			
		計			
	保険料	健康保険料（介護保険含む）			
		国民年金保険料			
		費			
		費			
		費			
		計			
	ローン返済	住宅ローン			
		自動車ローン			
		費			
		計			
	管理不能支出合計				
預金					
管理可能支出	生活費	食費			
		交通費			
		日用品費			
		こづかい			
		費			
		費			
		計			
	交際娯楽費	娯楽費			
		交際費			
		費			
		計			
	健康医療費	診療代			
		市販薬代他			
		計			
	教養費	図書代他			
	車両関係費	ガソリン代他			
	管理可能支出合計				
②預金＋支出計					
収支差					

各費目は自由に設定（62ページ参照）

書き入れた「特別支出予算表」（58ページ）を見ながら、この先3カ月の特別支出を書き入れる

ピンチ時も預金は続ける。1円でもいい（76ページ参照）

何を「こづかい」で払うのか、初期設定をしっかり（63ページ参照）

収支差がプラスになるまで何度も組み直す

費目は自由に設定する

59ページの予算表の費目を見て、頭を抱えてしまった人もいるのではないでしょうか。自分には関係のない費目がある、必要な費目が入っていない……。

予算表は子どものいる家庭を想定していますが、子どものいない人は教育費の費目はいりませんし、車がなければ車両関係費はいりません。そのかわりに、ペットのいる人はペット費の費目が、介護をしている人は介護費などの費目が必要になるでしょう。

費目設定のポイントは、ふたつです。ひとつは、自分と家族の価値観が具現化されていること。たとえば、我が家の旅行代は「教育費」の一環としてまとめていました。子どもたちに異文化を体験させることは、「娯楽」ではなく、「教育費」であると位置づけていたからです。

もうひとつは、「将来振り返ったとき、知りたい費目」にすることです。あとから中学受験にいくらかかったかを振り返りたい、と思ったら、塾の月謝はもちろん、模試、関連図書の書籍代、直前の家庭教師代、お弁当代などふくめて「受験費」という費目にするのもよいでしょう。

第2章で書き出した過去3カ月の支出表よりも、今回の予算表のほうが空欄が多いのは、価値観にもとづいて自由に予算設定してほしいからです。

59ページの図表は、うまく使えるものはそのまま使い、取り消し線で費目を変えたり、「費」の空欄を利用したりして、自分自身が使いやすい予算表を構築してください。

エクセルが使える人はダウンロードしたファイルを修正してもかまいませんし、修正液などを使って自分だけの雛形をつくり、コピーして使うのもよいでしょう。

こづかいの考え方

費目のひとつ、こづかいの考え方もまさに十人十色です。

ある人は携帯電話代と美容院代がこづかいに含まれ、またある人は携帯電話代は家計費だが、衣服代をこづかいの範囲内でまかなっているそうです。

共働きの場合、昼食代や飲み会代をこづかいでやりくりする人もいれば、家計内で個別の予算をとる人もいます。

子どものこづかいの考え方も、各家庭によって違います。ある程度多めに渡してマンガやおやつの費用を自分で管理させるか、少なめにして図書費などは親の財布から出すかは、それぞれの家庭の方針によるでしょう。緊急時にはこづかいの金額を減らして、足りない分を家計から出すという変更も考えられます。

こづかいの多寡はその内訳にもよるため、一概にはいえないのです。

大切なことは、こづかいには何が含まれて、何が含まれないのかという区分を確認して、納得のいく金額を決めることです。

収支が合うまで何度も予算を組み直す

支出をすべて書き込んだら、前項で割り出した①収入予算から、②支出予算を引いてください。
①−②がプラスになった人は、おめでとうございます。ひとまず安心してこの3カ月を

乗り切るためのベースができました。

マイナスになってしまった人は、予算を組み直していきます。マイナスにならなくても、不安な人は納得いくまで組み直してみましょう。

予算を組み直す作業は、

1. 管理不能支出の修正

2. 管理可能支出の修正

3. 貯金の取り崩しで収入予算を増やす

という順番でおこないます。

金額の大きなものに狙いを定める

第2章でつくった3カ月の収支表を見てください。

「管理不能支出」「管理可能支出」のふたつのカテゴリーがあることに気がついていましたか。

これまで説明していませんでしたが、実は支出は、このふたつに分けることができます。

①管理不能支出

契約によって支払いが強制されている支出です。家賃、住宅ローン、駐車場代、保険料、教育費、習い事（塾）費、通信費（携帯電話料金等）などがこれにあたります。

②管理可能支出

文字通り管理が可能な支出です。代表的なものは食費、日用品費、衣服費、こづかい、外食費、娯楽費などです。

食費や日用品などの「管理可能支出」はコントロールしやすく、すぐに「食費を切り詰めよう」と考えがちですが、がんばったところで大きな削減にはなりません。

緊急時は金額の大きなものから手をつけるべきです。それには、①の管理不能支出の見直しです。

年払いの特別費も、管理可能と管理不能に分けられます。たとえば、1年に一度支払う保険料、固定資産税や自動車税は管理不能、レジャー、旅行代、プレゼント代は管理可能です。予算が合わないときは、まず管理不能支出の見直しからはじめましょう。

「減らす」のではなく「やめる」

管理不能支出は、**契約によって定額の支出が決められています。**額を減らすことはほとんどの場合不可能で、契約を解除する、つまり「やめる」という選択が必要になります。

契約を解除するのが面倒だったり、習い事をやめると伝えるのが心理的にハードルが高かったりなど、多かれ少なかれ、「やめるのが大変」という設定がされています。しかし「減らす」のではなく、「やめる」からこそ、家計においては大きな効果があるのです。

たとえ月額100円であっても、受け取る側にとっては非常に大きな収入源になるから「定額設定」されているのです。つまり、払う側は長期的な負担を負うようにできています。

代表的な管理不能支出について、考察していきましょう。みなさんにも、身に覚えがあるという費目がかならずあるはずです。

・サブスクリプション支出

近年増えているのが、サブスクリプション支出です。これは月々○円、年会費○円というかたちで製品やサービスを利用する支出です。

動画、音楽、書籍、ゲームなどの配信サービス、会員向けのレンタルサービスや宅配サービス、月額利用料のかかるスマホアプリ、新聞、雑誌の定期購読など。これらは一度契約すると自動で料金が引き落とされるため、さほど利用していないのに「解約が面倒」「月数百円だから気にしない」と、つい支払いを続けてしまいます。

カードの利用明細をチェックして、これらサブスク支出を徹底的に洗い出しましょう。携帯電話の不要な付加サービスに加入していないかどうかも確認します。料金が一括になっている場合、携帯電話会社のサイトで契約内容を確認すれば、こまかな内訳もわかります。

なかには「忘れていた」というものもあるはずです。知り合いの編集者は、一度かぎりの調べ物で月額100円の弁護士相談サイトに登録し、なんと3年間も放置していたそうです。不要なものがあれば、数百円でも解約しましょう。いったん解約して「どうしても必要」になったら、そのときに再度加入すればよいのです。

・習い事

習い事や塾、ジムなどの費用は、数千円～数万円と大きなものです。子どもがピアノ、スイミング、英語、学習塾と複数かけ持ちすれば、ひとり数万円はくだりません。

本気で取り組んでいるものをやめる必要はありませんが、「みんなが行っているから」という横並び意識ではじめた子どもの塾、惰性で続けている習い事やジムなどは、この際やめることを検討しましょう。子どもの習い事と大人のジム通いをやめれば、月に数万円の支出を削ることができます（教育費の考え方については、149ページに追記しています）。

・保険

生命保険や医療保険も、見直したい支出の代表格です。ほんとうに必要かどうかをよく確かめましょう。不要な保険によって家計が圧迫されては本末転倒です。

そもそも日本には皆保険制度があります。健康保険の「高額療養費制度」によって、1カ月の医療費が自己負担限度額を超えると、超えた額が払い戻されます。平均的な収入なら、病気になって月100万円の医療費がかかったとしても8万円程度の負担ですみます。そのため、実際に高額な医療費がかかることは原則ありませんから、過剰な民間の医療保険は不要といえます。

そして、万が一大黒柱に何かあったとしても、遺族年金という制度があります。住宅ローンを組んでいる人は団信（団体信用生命保険）が生命保険がわりになります。

・通信費（スマートフォンなど）

いまや生活に欠かせないものとなったスマートフォン。インターネットやスマホの登場で、通信費は確実に増加傾向にあります。通信費を削るには、使っていない固定電話をやめる、格安スマホに乗り換えるといった手があります。

私の知人のケースです。もともと大手キャリアのスマホ料金が月約6000円（ふたり分で12000円）かかっていましたが、自宅にWi－Fiがあるため通信量が多くないことに気づいたそうです。そこで格安スマホに乗り換えたところ、料金は月約2000円

（ふたり分で4000円）に。MNPの手続きで電話番号は変わらないし、SIMフリー端末ならSIMカードを入れ替えるだけです。乗り換えには少し手間がかかりますが、一度手続きしてしまえば、年間10万円近くの支出を削ることができます。

・自家用車

自家用車は、購入費だけでなく、税金、車検、ガソリン、メンテナンス、駐車場と、保有しているだけで維持費が必要です。「持っているだけでお金がかかる」のです。一般的なコンパクトカークラスでも、年間50万円程度の維持費がかかるとされています。

車のある生活はとても便利ですが、ある程度交通網が発達している地域なら、なくてもすみます。一時的に手放す選択を検討してもいいでしょう。

・住宅ローン

究極の固定費ともいえるものが、住宅ローンです。車や保険をやめることはできても、住宅ローンをやめるわけにはいきません。しかし、金額の大きい住宅ローンは、苦しいときの家計では悩みのタネです。

日々のお金のプレッシャーを小さくするためにも、住宅ローンによる月々の支出を減らす策を講じましょう。

①現在の借入金融機関に相談し、返済期間を延長して月々の返済額を抑える
②金利の低い金融機関に借り換えが可能なら、借り換えて毎月の返済額を減らす

①②以外にも、「元金据え置き（一定期間利息だけを支払う）」「ボーナス払いの減額」などの救済措置を受けられる場合があります。条件は各金融機関によって異なるので、まずは相談してみましょう。

いまみなさんがおこなっているのは、たった数百円でも、**毎月決まって出ていくお金をカットする作業**です。これこそが、不確実な時代において、健全な家計です。

一度きりの支出であれば、大きな額であってもコントロールできます。

しかし、契約によって毎月出ていくものが多いと、ピンチのときに身動きがとれなくなります。

私には息子が4人います。彼らの学費がかさんだとき、思いきって車を手放しました。生命保険も解約しました。結果、家計を赤字にすることなく、貯蓄も続けながら苦しい時期を乗り越えることができたのです。

当時の私が小さな車に乗り換えたり、安い保険に入り直したりしていたら、家計は苦しいままだったかもしれません。車と保険をスパッとやめたことで、大きく改善したのです。

管理不能支出には、見栄やプライドが大きく影響します。

住んでいる場所、家の大きさ、車、子どもの学校……。

「みんなが持っているから」「持っていないと恥ずかしいから」「みんなが受験するから」といった気持ちから、支出がふくらむことが非常に多いのです。

ほんとうに意味や価値を感じているならかまいません。

もしも、価値を感じていないのなら、周囲の大多数がやっていることでもきっぱりとやめましょう。

一方、自分や家族が幸せを感じる支出は残します。私と妻は旅行に価値を置いていたので、どんなに生活が苦しいときも、年に一度のささやかな旅行の予算はとっていました。

急な収入減に瀕している方は、家計を破綻させないことが最優先です。いったん手放し、このピンチを乗り越えて平時に戻ったとき、「やはり必要だった」と考えるなら、また取り戻せばいいのです。

解約のための時間を確保する

格安スマホに乗り換える、住宅ローンを借り換える、車を手放すといった作業は、面倒なものです。サブスク支出にしても、解約するには手間がかかります。習い事をやめるのも、人間関係が気になるのではないでしょうか。経済的な負担がかかっていても、続けるほうが精神的にラクなのです。

契約を結ぶときは新しい商品やサービスへの期待があるために、面倒くささは感じません。でも、いざ解約となると重い腰が上がらないのです。

「買うよりも捨てるほうが難しい」とよくいわれますが、管理不能支出も同じです。一度はじめてしまったら、やめるのが難しいのです。

しかし、ここで思いきって「えいやっ」と実行してしまえば、月に数千円、数万円といった支出を削ることができるのです。

管理不能支出の思いきった削減は、平時にはなかなか取り組めません。ピンチのときこそ見直しのチャンスと考えて、「ほんとうに必要なものだけ残す作業」を実行してください。バッサバッサと邪魔者をなぎ倒すように、火事場の馬鹿力で面倒な作業をやっつけてしまいましょう。

やめ残し、やめそびれがないよう、「やめるもの」をリスト化し、休みをとって一気に作業することをおすすめします。

1円でもいいから、貯蓄を続ける

予算表に「預金」の欄があることに気がつかれたでしょうか。

ピンチ時を想定している本なのに、「なぜ預金？」と思われたかもしれません。

これは、私が大事だと思っている考え**「貯蓄は家計の義務である」**を反映させたものです。

取り崩しをしなくてはならなくなったという場合も、かならず貯蓄は続けてください。

1円でも、10円でもいいのです。とにかく貯金の習慣をやめないことです。

なんのために貯蓄をするのか。次のふたつの理由があります。

- **不確実な将来への備え……病気、災害、失業、転職など、不確実な出来事が起こったときに備える**
- **将来の転換期への準備……結婚、住宅購入やリフォーム、子どもの進学、仕事のリタイアなど、人生の節目節目に必要なお金を準備する**

世界は、今後、どんどん不確実性を高めていきます。

思いもよらなかった状況に際して、大きな決断をすることもあるでしょう。そのとき、選択の幅を広げ、人生をより豊かにするほうへ舵を切るためには貯金が必要です。

毎月の貯金が、未来をつくるのです。

1円からはじめて、少しずつ増やしていけばよいので、貯金習慣だけは絶やさないようにしてください。

家賃や住宅ローンが払えないときは、すぐに連絡する

どうしても、家賃や住宅ローンが払えない。

そんなときは、一刻も早く借入金融機関や大家さん（不動産会社）に相談してください。だまって滞納するのは、絶対にやめましょう。住宅ローンの滞納を続ければ、いずれ安く競売にかけられるという最悪の結末が待っています。

お金を貸している側は、無視する人よりも払う気持ちがある人に温情をかけるものです。

場合によっては相談に乗ってくれるかもしれません。

知人の経営者が銀行で融資を受ける際に、「お金を貸したくない人はどんな人ですか？」と聞いてみたところ、「言いづらいことを言わない人」という答えが返ってきたそうです。百戦錬磨の銀行員は、嘘をついたり見栄を張ったりする人を信用に値しないと考えているのです。自分の弱点や苦境を正直に話す人にこそ、なんとか力になろうとしてくれるのでしょう。

家賃も同様です。支払いを延ばしてもらえないか、家賃の減額に応じてもらえないか、まずは大家さんに相談してください。

住まいについての考え方

収入が途絶えて家賃や住宅ローン返済額の減額等でも厳しい場合、帰れる実家があるなら一時避難というかたちで住まわせてもらうのもひとつの策です。一時的にでも住居費がゼロになれば、家計を立て直すことができるはずです。

住居費がかさむという理由で引っ越しを考える場合、住まいの場所については、中長期的な判断が必要です。

社会変容が大きく進めば、都心より郊外へ、郊外より田舎へという流れがやってくるかもしれません。しかし、それはまだ先の話です。住む地域によって仕事が制限される、通勤時間が大幅に増えることがあるなら、慎重に考えるべきです。

最初の3カ月でできることは、即効性のある対策です。

先ほど説明したように、住宅ローンであれば返済期間の延長や借り換えを検討する、賃貸であれば家賃減額を相談してみるといった「いまの住まいのままで住居費を減らす」方法を模索しましょう。

ただし、収入減が長く続く見込みで、かつ住居費比率が高い人は、引っ越しを検討することも必要になります。

賃貸なら、同じ地域で家賃の安い物件を探すという選択肢があります。不要なガラクタで埋もれた部屋があるなら、モノを処分することでいまよりも省スペースの住まいで暮らせます。3LDKから2LDKへ移れば、確実に家賃は下がるでしょう。

管理可能支出は、行動を見直すことから

管理不能支出で大ナタをふるったら、次は管理可能支出を見直します。

管理可能支出の多くは、日々の何気ない行動や習慣にひもづいています。それを顧みることは、自分との対話のようなものです。

ポイントは、次の2点です。

・行動を根本から見直す

・価値を感じるものと、こだわりのないものを切り分ける

見直すときはできるだけ細分化して考えると、実行しやすくなります。

たとえば、ひと口に「食費10万円」といっても、その内訳は千差万別です。ほとんどが野菜や肉などの食材だという人もいれば、惣菜や弁当などの割合が多い人、お菓子やインスタント食品の割合が多い人もいます。食費自体はそれほど高くないが、かわりに外食費

が食費を上回っていたというケースもあるでしょう。

また、行動習慣は支出の内容に深く関係しています。

通勤経路を変えただけで、コンビニに寄らなくなって出費が減る例もあります。

週末まとめ買い＋ネットスーパー利用だった買い物頻度を、2日に1回スーパーで吟味して買うようにしたところ、食費が減りメニューのバリエーションが豊かになったという人もいるそうです。

食費の内訳をよく見つめて「おやつをやめたらいくら削れるだろう」「外食を週1回から月1回に減らしたらいくら削れるだろう」という具合に、具体的な行動をイメージして、どんどん鉛筆で書き込んでいきます。

やみくもに削ってはいけない

管理可能支出の予算を考えるとき、気をつけてほしいのは「やみくもに削らない」ということです。

自分や家族の幸福度や満足度と照らしながら、支出を考えていかなければなりません。

いきなり夫（妻）のこづかいをゼロにして、家庭に不協和音が響いたら、元も子もありません。価値ある支出を残しながら、できるだけ効率よく、無駄な支出をそぎ落とすのです。これはかなり知的な作業です。

たとえば「お菓子代を半分にしたとしても、コーヒー豆だけは焙煎が上手ないつものところで買いたい」「外食をセーブするかわり、月に一度だけお取り寄せを楽しみたい」といった具合です。

同じ「食費1000円」でも、

・いいお肉を買って夕食を少し豪華に

・冷凍庫を色とりどり多種類のアイスで満たす

というふうに、満足のいく使い道はそれぞれの家庭ごとに違うはずなので、自分や家族が笑顔になる選択を考えて予算を立てることが大切です。

「緊急事態だから、そんな余裕ないわ！」

という人も、「この支出は自分にとって大切だからかならず残す」と心を喜ばせる支出を残しておきましょう。

「好きな雑誌を買ってカフェで読みながらコーヒーを飲む」お金が、予算に組み込まれているか否かで、満足度がまるで違うはずです。

鉛筆で「気持ちやアイディア」を書き込む

多くの人が、予算を書き込み集計し、計算が合わず、もう一度やり直すことになるはずです。それでいいのです。予算を組む作業をしながら、一生懸命考えてください。

この支出は、自分の価値観に合っているのか。
見栄や同調圧力による支出ではないのか。
この予算を削ることで、幸福度が大きく減らないだろうか。
そもそも、実現可能なのか。

予算を組む過程で、自分の気持ちを書き込んでもいいと思います。

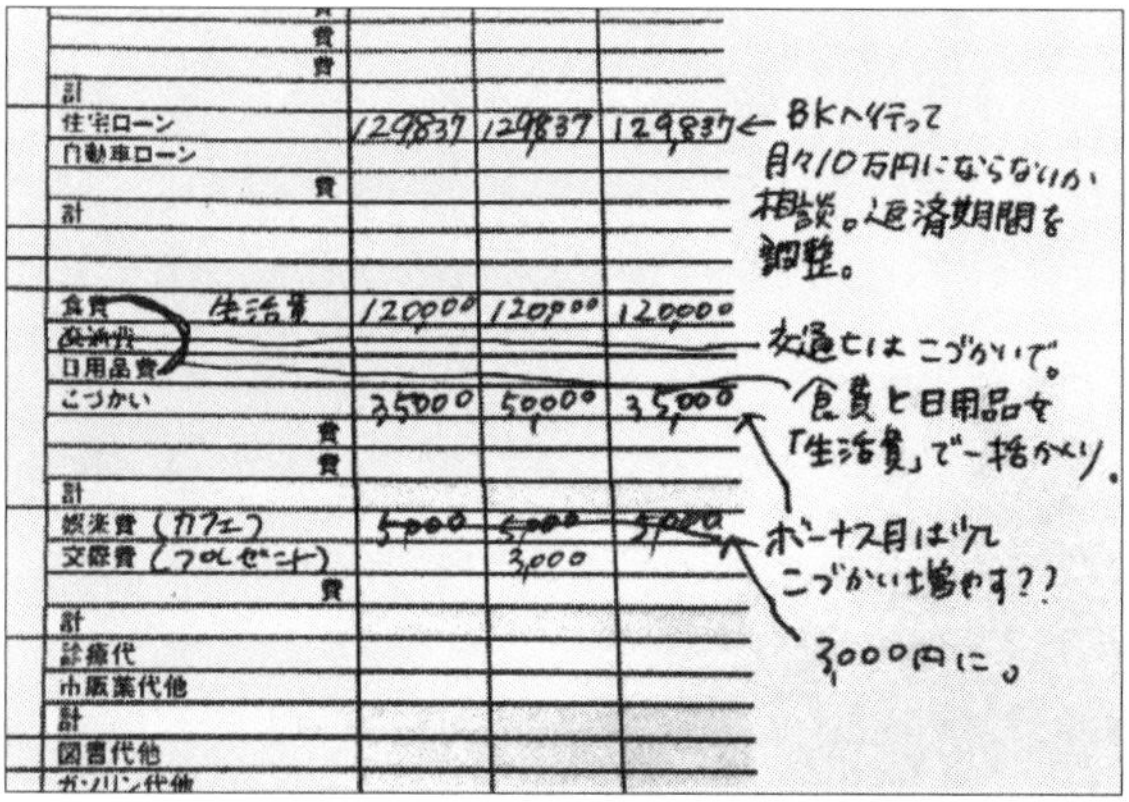

メモを書き込みながら収支を合わせていく。

「いまは緊急事態だからガマンするけど、3カ月後には書籍代の予算は2倍とりたい」

「今年のレジャーは国内旅行にしよう。日数も減らすけど、それでもみんなでどこかへ行けたら楽しいはず」

支出というのは、感情と行動にひもづいているので、決して数字上だけで合わせない、ということが大切です。

現実的な予算なのか

収支が合うまで（収入－支出がマイナスにならなくなるまで）、以上の作業を何度も繰り返します。

そして、収支が合ったら、予算に応じた生活がほんとうにできるのかどうか、自分の行動に照らしてみましょう。

ダイエットと同じで、計画だけ立派で行動に移すには無理がありすぎる、というのは続きません。

知恵を絞って予算を組み、それを実行できたという実績こそが未来を照らします。

自分を見つめ、誠実な予算を組む努力をしてください。

貯金は「一時的に」取り崩す

支出をできるかぎり見直しても、収支が合わず、マイナスになってしまったら、貯金を取り崩します。

第1章の財産目録でつけた優先順位に応じて、マイナスになった金額だけ「収入予算」に入れましょう。

ただし、取り崩しは最小限に。貯蓄の目的が「もしものときのリスク」のためならよいのですが、多くの場合、老後資金、子どもの学費など、人生の長期的な目的のためのはずです。さらにこの状況が長く続く可能性もあるからです。

そう考えると、多少貯蓄があっても、かんたんに取り崩してはならないということがよくわかると思います。

貯蓄によって補填した収入は、純粋な収入とは分けて、危機が過ぎたあと戻すこと。帳簿上でも明らかにするために、予算表に「貯金の取り崩し」の欄を入れました。

長期的に見れば、現在の危機はほんの一瞬です。でも、ここで財産を大きく減らしてしまえば、人生の目標が大きく乱れてしまいます。

もちろん、結果的には人生の目標を変える必要があるかもしれません。しかし、現在の危機を最低限の痛みで乗り切るという信念が大切です。

有価証券のとらえ方

迷いやすいのが、有価証券（株券、債券、投資信託など）の扱いです。

株や投資信託などを保有する人は、多くの場合、長期投資を目的としているのではないでしょうか。市場価格が下がったとしても、換金しなければ損失は確定しません。焦って売ってマイナスを顕在化させる必要はないと思います。家計に少しでも余裕がある場合は、そのまま保有し続けたほうがベターです。

ただし月々の収支差が埋まらず、現金が足らないという場合は、損失には目をつぶって早めにキャッシュに換えましょう。そもそも投資は余剰資金でおこなうものですから、家計が汲々としているときは、いちばんの換金対象となるはずです。

取り崩す貯金もないとき

なかには、取り崩せる財産もない人もいるでしょう。

そんな場合でも、自暴自棄になったり、思考停止に陥ったりしてはいけません。

- **給付金の制度を調べて申請する**
- **3万円でも5万円でも、何か収入を得られる方法はないか探してみる**
- **市区町村の窓口に相談してみる**

万策尽きたと思っても、ハローワークや市区町村の窓口で相談すれば、ヒントが得られるかもしれません。生活再建までの費用を借りられる「生活福祉資金貸付制度」という公的制度もあります。それでもダメだという場合は「生活保護制度」があります。

優秀な経営者は、策を練るときに、自社の情報を開示し、広く意見を募り知恵を集めます。逆に、ダメな経営者ほど自分ひとりで抱え込んでトラブルを大きくしてしまいます。

まず、自分でできる範囲でがんばってみる。難しい場合は、他人や公的制度を頼ること。ピンチのときはスピードが重要ですから、どんどん動きましょう。

そのとき、思いつきで行き当たりばったりに動くのではなく、

- **現在の困窮状態を具体的に書き出しておく**
- **登録制のパートの情報や求職活動のアイディアをメモする**
- **適合する支援制度を調べてノートにメモする**
- **登録制アルバイトへの登録、補助金申請や窓口への問い合わせなど「やることリスト」をつくる**

など、ノートや手帳に書きながら整理していくとよいでしょう。

書いて整理するとパニックが収まりますし、他人に現状を説明するときもメモがあったほうが円滑に進みます。

支援金の申請には面倒な手続きが必要なものがありますので、やはりこれも、時間を確保して一気にやってしまいましょう。

給付や支援は一時的なこと。堂々と受ける

日本は世界的に見ても、安全で防疫体制が整った国です。困ったときのセーフティネットも充実しています。コロナ禍においても、国は収入が減少した人や子育て世帯、中小企業、自営業者などに、さまざまな支援策を打ち出しています。

ただし、ひとつ苦言を言うなら「自分で申請をしないと受けられない」ものがとても多いことです。

周知が不十分だったり、申請方法が複雑だったりするため、対象に含まれるのに支援を受けていない人がたくさんいます。**支援を受けられる人と受けられない人の違いは、「知っていた・知らなかった」「申請した・申請しなかった」だけです。**

窮地にいるときほど、パニックになり冷静な判断が難しくなります。そしてデマを信じる、正しい情報を得る機会を失うといったことが起こります。ほんとうに必要な人に支援が届かないといったパラドックスが生まれやすくなるのです。

ピンチのときこそ、冷静にまわりを見回し、耳をすまして、情報に敏感になることが大

切です。自分が受けられる公的な支援について、新聞や自治体の広報誌・ウェブサイトなどでしっかり確認します。よくわからないものは、行政機関、関係機関に問い合わせましょう。

また、困窮状態にありながら、「自分でなんとかしよう」「国や行政には頼れない」と考えてしまう人も少なくありません。必要なときに必要な支援を受けることは、国民の権利です。一時的に支援を受けてなんとか生き延びて、またしっかりとした収入を得られるようになったら、そのとき困っている人に還元すればいいことです。堂々と相談に行きましょう。

＊新型コロナウイルス感染症関連の主な給付金や助成金について、巻末にまとめました。ほかにも条件しだいで受けられるもの、自治体独自のものがあります。また、今後条件が緩和されたり、支援策が新設されたりする可能性もあります。常に情報を仕入れるようにしておきましょう。

なぜ「3カ月間」なのか

ここまで、向こう3カ月間を乗り切るための策を練ってきました。なぜ、3カ月間なのでしょうか。

「愚者は経験に学び、賢者は歴史に学ぶ」とは、19世紀にドイツを統一した鉄血宰相、ビスマルクの言葉です。私たちも冷静に、歴史に学んでみましょう。

約100年前の1918年、世界を襲ったスペイン風邪は、春、秋、冬と第三波まで流行の波を経て、終息まで約1年8カ月かかっています。

流行の波の周期は、約3〜4カ月でした。ひとつの波が3〜4カ月ほどで収まり、また3〜4カ月たつと次の波が訪れます。それを3回繰り返して、スペイン風邪は終息したのです。

2008年のリーマンショックのときも、3カ月ほどで市場のパニックは収まり、翌年の二番底を経て回復していきました。

これらの歴史が示すのは、「3カ月たてば、状況はかならず変わる」ということです。

完全に元に戻ったり、事態が一変したりするわけではありませんが、なんらかの変化を遂げるはずです。

大きな流れでとらえると、次の三段階でピンチから平時に戻していきます。

緊急時の家計戦略

①直近3カ月は緊急時と考える
②事態が完全に収束するまで1～2年と見て、年単位の戦略を考える
③その後は最初の貯蓄目標（例：65歳で貯金3000万円）に戻る

本書は①のパートを主に説明しています。緊急事態を乗り越えたあとは、②です。緊急家計と資産の取り崩しで生活をしのぐことができたら、「いまの仕事を続けてよいのかどうか」という判断をしましょう。

もしも転職が必要な状況であれば、半年後など目処を決めて就職活動をはじめます。行き当たりばったりではなく、「自分に合う仕事」「新しい時代に需要のある仕事」「生活に見合う収入を得られる仕事」という3つの条件を軸に持つことが大切です。

②の段階が過ぎたら、いつか平時に戻るということを常に念頭におきましょう。多少の寄り道はあったかもしれませんが、かならず③のように、人生の最終目標（144ページ参照）に続く道に戻る必要があります。今後もさまざまな社会変容があるかもしれませんが、長い目で見た貯蓄を実践しなければなりません。

新型コロナウイルスに関していえば、1年か2年、あるいはそれ以上の長期戦になるかもしれません。未来はだれにもわかりませんが、不安やパニックは事態をよけい混乱させます。コロナウイルス関連でない財政ピンチであっても、3カ月あれば明らかな対策を練ることができます。

ですから、まずは状況が変化する3カ月を目安に考えてみるのです。冷静に家計を洗い出し、この先とりあえず3カ月生きていけると確信できれば、少しは気がラクになるのではないでしょうか。

まずは直近3カ月を乗り切る。
乗り切ったら、次の3カ月の作戦を練る。

これを繰り返していくことで、いつのまにか年単位の苦境を乗り越えることができるはずです。

ドラッカーの著書『乱気流時代の経営』に、こんなくだりがあります。

「乱気流の時代においては、企業の存続に必要な最小限の流動性がどれくらいかを知らなければならない。三か月あるいは四か月のパニックを生き延びるためには、どれだけの資金が必要か。通常四か月もたてば新しい平時が来てくれる」

最小限の流動性とは、キャッシュのことです。家計も同様です。不測の事態に陥ったとしても、3カ月という期間を持ちこたえることができれば、かならず希望が見えてきます。

さらに、ドラッカーはこう続けます。

「そのような状況においては、売り上げや市場シェア、イノベーションや利益ではなく、資金力、支払い能力、流動性を重視しなければならない」

＊『乱気流時代の経営』（P・F・ドラッカー著　上田惇生訳　ダイヤモンド社）

3カ月、とにかく使える現金を手元に増やして、生き抜きましょう。

家計の予算削減例

《月次》

			前	後	
管理不能支出	生活費	電気ガス水道費	20000	20000	
		新聞代	4037	4037	
		計	24037	24037	
	通信費	固定電話(インターネット込み)	8588	8588	
		携帯電話	21000	4000	格安スマホに変更
		計	29588	12588	
	サブスクリプション代	WOWOW	2530	0	解約
		動画配信(NETFLIX)	800	800	
		マンガ・本(めちゃコミ)	550	0	解約
		アマゾンプライム	500	500	
		計	4380	1300	
	教育費	学童保育	4500	4500	
		給食代	5500	5500	
		塾代	33000	33000	
		ピアノ	7000	0	やめた
		剣道	2000	2000	
		絵のアトリエ		2500	ピアノの代わりにはじめた
		計	52000	47500	
	保険料(月払いのみ)	都民共済	5000	0	解約
		学資保険料(ソニー生命)	22905	22905	
		計	27905	22905	
	ローン返済	住宅ローン	89500	55000	借り換えにより払込期間を延長し月々の支払額を減らした
	管理不能支出合計		227410	163330	
預金			50000	30000	当面、貯金額を減らす
管理可能支出	生活費	食費	89500	120000	
		日用品費	13000	0	食費と合わせて予算組み
		小遣い	50000	50000	
		衣服費	12000	0	こづかいから出す
		計	164500	170000	
	交際娯楽費	娯楽費	5000	5000	
		交際費(食事会、手土産他)	12500	6000	飲み会の頻度を減らす
		外食費	15000	0	食費予算内で管理
		計	32500	11000	
	健康医療費	診療代(血液検査)	3000	3000	
		市販薬代他(鉄剤)	1000	1000	
		計	4000	4000	
	教養費	図書代	5000	5000	
	車両関係費	ガソリン代他	3500	3500	
	管理可能支出合計		209500	193500	
預金＋支出計			486910	386830	月次支出 100080円削減

《年次の特別費3カ月分のダイエット》

特別費	7月	ピアノの発表会とビデオ代	27900	0	ピアノをやめたのでゼロに
		夏季講習	180000	180000	
		学童ケータリング	8000	0	手作り弁当に変更
	8月	帰省	250000	0	帰省は冬に延期
		キャンプ	35000	35000	キャンプは決行する
	9月	子どもの誕生日	20000	10000	外食していたが自宅でお祝い
		子ども服	20000	10000	
		計	540900	235000	3カ月分の特別支出 305900円削減

《次章に進む前に》 このページまでにかならずやるべき作業です。

□直近3カ月の予算を立てる

□自分と家族の価値観に応じて支出を見直す

□収支が合うまで何度もやり直しながら3カ月の予算を完成させる

□完成させた予算表を「予算・収支ノート」に貼っておく

《余裕のあるときに》 時間と心に余裕ができたらやっておきましょう。

□仕事を変える必要があるなら、それがどんな仕事なのかを模索しておく

□最終的な貯蓄目標（例：65歳時に3000万円）を確認しておく

第4章

甘えを断ち、予算内で生活する

3カ月間限定、いっさいの甘えを断つ覚悟

これまでみなさんは、過去の収支にもとづき、頭をフル回転させながら削れる支出を削り、現実的な予算を立てました。これは漠然と考えた予算とは、わけが違うものです。

これからは実際に家計をまわしていきます。

「家計をまわす」コツは、予算以上に使わない。ただそれだけです。

管理不能支出は契約解除によりすでに削減されているはずですので、もう考える必要はありません。

管理可能支出を予算内に抑えさえすれば、家計はまわります。

しかし実際に予算内で暮らそうとすると、意外に難しいものです。支出については、だれでも自分に甘くなりがちだからです。

「外食費がオーバーしたけれど、少しくらいならいいだろう」

「子どもがらみの付き合いだから、今回はしかたがない」

などと言いわけをしながら、財布のひもがゆるんでしまうのです。

「このくらいいいだろう」という甘えの積み重ねが、家計の破綻につながります。ダイエットでも、「このくらいはいいだろう」が続けば、やがて体重は大きく増加します。平時であれば多少のゆるみも挽回できますが、緊急事態にそれは許されません。

第3章で立てた予算は、自分との約束です。つい予算をオーバーし、来月分から借りてくるというようなごまかしはご法度ですし、**「予算内で生活できた」という実績こそが、不安を消し、未来をつくります。**

3カ月間はいっさいの甘えを断ち、予算を死守する。その覚悟が必要です。

予算を守るシステム

予算を守るためには、日々出ていくお金に注目することが重要です。

こまかい支出の記録は必要ありませんが、

- **今日いくら使ったか**
- **あといくら残っているのか**

のキャッシュカウントは、**かならず毎日やります。**

まず、費目ごとに分けて予算を管理するシステムを構築します。

費目ごとに管理する「封筒管理法」

管理① 管理可能支出を、月初に銀行口座から引き出す

管理可能支出の予算額すべてを銀行からおろします。できるかぎり現金管理すること。

管理② 費目ごとの封筒を準備し、「費目」と「予算」を書き入れる

費目ごとの封筒を準備し、費目と予算を書き入れ、現金を入れておきます。費目は少な目にします。104ページの書き込み表をコピーして封筒に貼ってもよいでしょう。

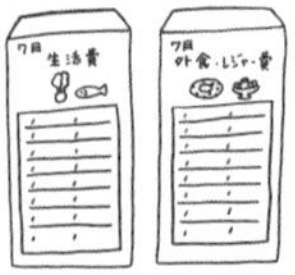

管理③　お金を使ったら、封筒に書き込む。残高も毎日計算して書き入れる

封筒の中身と表に書いてある金額がかならず一致しているように、毎日キャッシュカウントすること。

②で準備する費目は、「子ども費」「レジャー費」「その他」など、第3章で立てた予算にもとづき、自分が管理しやすいものにしてください。食費や日用品費は生活費として財布に入れてかまいませんが、財布も封筒のひとつと考えて管理します。

費目は3費目程度に。すべて合わせて「生活費」として管理してもいいくらいです。要は上限を超えなければOKなのですから。

やってはいけないのは、追加で口座からお金を引き出すことです。月初に予算分を口座から引き出したら、その月はその金額でやりくりします。

半月ごとの出金・残高表

月家計費

		入金	
日	曜日	出金	残高
1			
2			
3			
4			
5			
6			
7			
8			
9			
10			
11			
12			
13			
14			
15			
		入金	
日	曜日	出金	残高
16			
17			
18			
19			
20			
21			
22			
23			
24			
25			
26			
27			
28			
29			
30			
31			

データダウンロード　https://sumire-shobo.com/dl-9784909957061
（週ごとの表も上記URLからダウンロードできます）

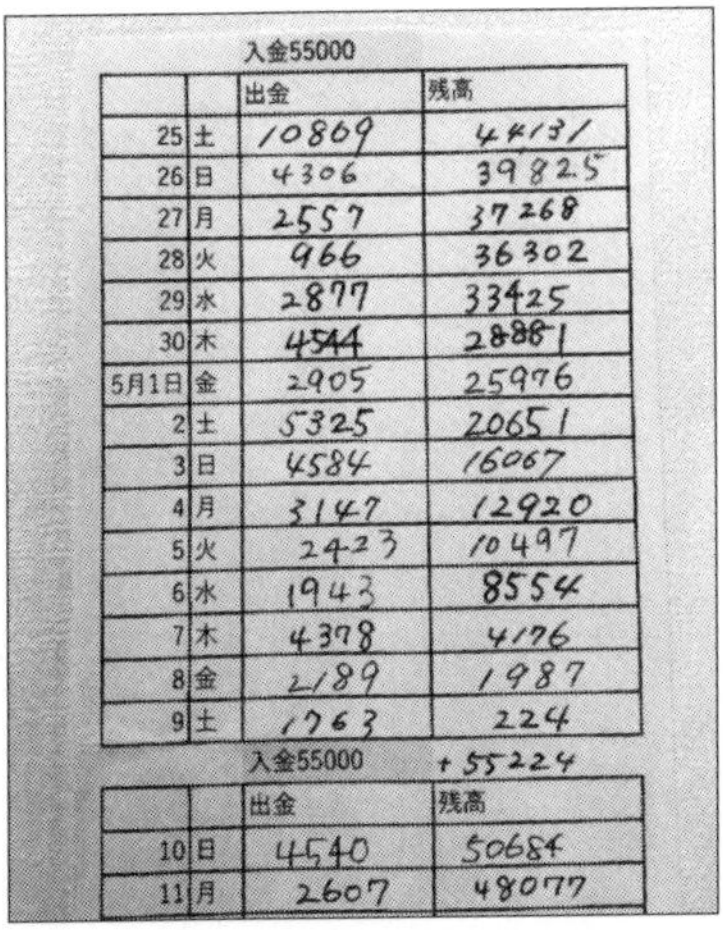

入金55000

		出金	残高
25	土	10809	44131
26	日	4306	39825
27	月	2557	37268
28	火	966	36302
29	水	2877	33425
30	木	4544	28881
5月1日	金	2905	25976
2	土	5325	20651
3	日	4584	16067
4	月	3147	12920
5	火	2423	10497
6	水	1943	8554
7	木	4378	4176
8	金	2189	1987
9	土	1763	224

入金55000　+55224

		出金	残高
10	日	4540	50684
11	月	2607	48077

25日開始、24日締めの例。
この家庭のひと月の生活費
(食費＋日用品)は11万円。
それを半月ごとに
区切って管理している。

週ごとか、半月ごとで大きく管理

たとえば、子どもに１日１００円のおこづかいを渡したら、１日１００円分のお菓子しか買えません。３００円のお菓子が買いたければ、３日間ガマンするといった知恵を働かせながらやりくりするはずです。

しかし、一度に３０００円、１カ月分まとめて渡してしまったらどうでしょう。最初の１週間でお菓子やジュースを買ってしまい、あとの３週間はおやつなしで過ごさなければならなくなるかもしれません。

これを防ぐためにも、前者の１日１００円という方法は効果的です。家計にも、その方法を応用するのです。

食費と日用品費で8万円と決めたなら、2万円ずつ週ごとに袋を分け、そこからお金を出して使うようにします。半月ごと4万円ずつの管理でもかまいません。

特に食費は、毎日同じ金額がかかるというわけではありません。ある程度ペースを考えながら使っていくと、予算の範囲内に収めることができます。

予算内の生活をとことん楽しむ

ここまで読んで「予算に縛られて暮らすのは窮屈だ」と感じる人もいるかもしれません。たしかに、予算をネガティブにとらえれば「これだけしか使えない」ですが、ポジティブにとらえれば「ここまでなら使っていい」となります。

具体的な数字を把握しておらず、漠然とした家計不安を抱えていたときは、「もう少し節約したほうがいいだろうか」「こんなものを買ったらぜいたくかな」という心配があったはずです。しかしいったん予算を立ててしまえば、予算内であれば自由に使ってかまわないのです。もう、むやみに節約しなくともよいと考えれば、気がラクです。

今回はかなり支出を削ったサバイバルのための予算ですから、ギリギリかもしれません。でも、期間限定のゲーム感覚で家計をまわしていくと、達成するプロセスも楽しむことができるでしょう。

「今週前半はがんばったから、あと○○円使える。今日の夕食はあのレストランのテイクアウトを利用しようか」「宅配ピザは来月のお楽しみにしよう」など、家族に相談したり、協力してもらったりするのもいいでしょう。家族が同じ目標に向かって一致団結するというメリットもあります。

キャッシュレスは家計を混乱させる

緊急時のサバイバル家計では、できるだけ現金決済でまわしていくことを推奨します。

家計管理において、クレジットカードや電子マネーは大敵です。お金を支払っている、お金が減っているという実感がないため、つい使いすぎてしまうのです。また、いくら使ったかが把握しづらくなるため、家計を混乱させる存在でもあります。キャッシュレス決済によって、予算をオーバーしたり、いくら使ったかわからなくなったりする事態は、絶対に防がねばなりません。

といっても、クレジットカードや電子マネーをまったく使わないのも無理があります。キャッシュレスで決済した買い物はどうすべきか、あらかじめ考えておきましょう。

利用する場合は、次のようなルールをつくっておきます。

- **クレジットカードを使った場合は、使った金額を封筒から引いておく**
- **電子マネーのチャージ金額を予算化して、封筒で分けておく**

少し面倒かもしれませんが「かならず予算以内に収める」ために、キャッシュレス決済をうやむやにしないことが肝心です。

在庫を消化する

さらに現金の管理以外でやるべきことがあります。モノの在庫の洗い出しです。

みなさんの家の冷蔵庫には、どんなものが入っていますか？

または、食品庫にはどんな食材が眠っていますか？

私は管理会計が専門です。企業の管理会計でもっとも重要なのは在庫の管理。在庫の回転するスピードが速ければ速いほど、優良企業といえます。在庫過多になれば管理コストが増し、資金繰りが悪化します。

家庭でも不良在庫――消費期限の切れた食品、買いすぎてしまった食品、口に合わずに残ってしまっている食品などが少なからずあるのではないでしょうか。

なぜ、それらを買ってしまったのでしょう。「いつか食べるから？」「安かったから？」「目新しかったから？」。「ストックを使ったから今日は食費を使わなかった。支出ゼロだった」という方がいて驚いたのですが、それは支出ゼロではなく「過去の支出」です。

モノはお金です。きちんと目を光らせて無駄のないよう管理してください。

緊急時の3カ月は、冷蔵庫の確認にも注力してください。

・3日以内に必要なもの以外、買わない

・在庫の回転を速める（ため込まない）

スーパーで買うのは3日以内に必要なものだけにしましょう。消費期限が近い食品は常にチェックし、上手に使い切ります。商品が倉庫に留まる時間は、短ければ短いほどいいのです。維持費もかかりませんし、在庫のダブつきが少なくなります。儲かっている会社の在庫は、風のごとく吹き抜けるのです。

緊急時は「お金をモノに換えてストックする」という発想はやめましょう。

冷蔵庫には、必要なときに、必要なものを、必要な量だけ調達するというジャストインタイム方式をとるのです。

管理① すべての在庫を把握する

冷蔵庫・食品庫・押し入れなどをチェックし、消耗品の在庫メモを書き出します。

管理② 在庫をどんどん消費。使い切るまで買わない

冷蔵庫の食品、乾麺などの保存品を優先的に消費します。

管理③ 不要在庫を処理

不要な在庫も維持費がかかっていると考え、処理します。

1カ月たったら家計を締める

家計管理をはじめて1カ月たったら、家計を締めます。

こまかく実績を書き込む必要はなく、1カ月予算内で暮らせたかどうか見直すだけでかまいません。収支の実績がいくらだったのかを予算表の最後の欄「収支差」の下に書き込みます。

残ったお金はすべて強制的に貯蓄にまわしてください。

管理不能支出、特別支出も見直し、予算通りの支出として処理されているかどうか確認します。そのあと、もしも残りの2カ月の予算で修正点があれば、修正しておきます。

緊縮予算を立て、それを実行できたという事実が、次に来る危機への大事な経験値になりますので、できたかどうか見直すことは非常に重要です。

ここまでにやることを総復習

ここまで、緊急事態を乗り越えるための作業をおこなってきました。

いま一度、かんたんに流れを振り返ってみましょう。

①２冊のノートを準備する。１冊のノートは「財産目録」、もう１冊のノートは「予算・収支ノート」とする。
②純資産を洗い出し、「財産目録」に記録。いざというときの取り崩しの順番をつけておく。
③過去３カ月の収支、過去１年間の特別費を洗い出し、「予算・収支ノート」に記録する。
④この先３カ月の緊急予算を立て、「予算・収支ノート」に記録する。
⑤１カ月ごとに家計を締め、３カ月間決めた予算内で生活する。

今回つくった「財産目録」と「予算・収支ノート」は、みなさんの家計の根幹となるものです。当面の3カ月を乗り切ったあとも、記録を続けてください。

「財産目録」のノートには、この先も月に一度、財産を書き出して「財産の棚おろし」をします。財産を可視化し、貯蓄が目標に向かって増えていくのを確認するのです。

「予算・収支ノート」では、「月ごとの予算組み、実際の収支の記録」を続け、日々の家計をコントロールします。家計簿のように毎日記入するわけではありませんから、それほど手間のかかる作業ではありません。月に一度時間をとって、家計と向き合う時間をつくる習慣をつけてください。

この2冊は、続けるほど家計を預かる身にとって大きな武器になります。

3年後、5年後、確実に増えていく純資産を確かめることで、より強固な家計を実感できるでしょう。子どもの成長やライフステージの変化などで変わりゆく収支を観察し続けながら、みなさんは家計管理の上級者へと成長していきます。

航海でいえば、「財産目録」は行き先を決める羅針盤、「予算・収支ノート」は方向を決める舵のようなものです。人生のゴールにたどり着くまで、この2冊を小脇に携えて、家計管理を続けていきましょう。

《次章に進む前に》 このページまでにかならずやるべき作業です。

□ 1カ月予算内で暮らす
□ 食材、日用品の在庫を適切に管理
□ 1カ月たったら家計を締める。管理可能支出が予算内におさまったか、管理不能支出も予算通りの支出処理になっているか確認
□ 収支の結果を「予算・収支ノート」に書いておく

第5章

絶対にやってはいけないこと

ある日突然、収入がゼロになっても、かならずリカバリーできる

新型コロナウイルスのパンデミックによって、これまでの生活や将来設計が、ガラガラと音を立てて崩れてしまった人は多いはずです。

勤務先の倒産、事業の経営悪化、大幅な収入減や失職で、いま絶望の淵に立たされている人もいるかもしれません。

絶望しているとき、もっとも愚かなのは「自暴自棄になること」です。

やけくそになって自分を粗末に扱ったり、投げやりな行動をとったりするのは、絶対にやめましょう。

人生、たいていのことはリカバリーできます。繰り返しますが、だいたい3カ月で状況は変わり、なんらかの答えが出ます。

ですから次のような、自分の価値を貶《おとし》める、取り返しのつかないことだけはしないでください。

・社会的信用を失う（犯罪などを犯す）
・人からの信用を失う（嘘をついたり人をだましたりする）
・みずから命を絶つ

そもそも、人生がずっと順風満帆で１００％計画通りにいくことなどありません。病気になる、リストラにあう、離婚する、仕事がうまくいかなくなる、大きな損失を出すといったピンチは、だれの人生にも一度や二度はあるものです。

みなさんはこれまでにも、悲しいことやショックなことを経験してきたはずです。失恋をして、「この世の終わりだ」「もう生きていくのが嫌だ」などと思った若かりし日が、だれにでもあるのではないでしょうか。

そしてそのたびに、なんとか乗り越えてきたはずです。

今度ばかりはもうダメだと思っても、かならず乗り越えられます。それがお金のことであるならば、落ち着いて取り組みさえすれば光が見えてくると断言できます。

傷を負っても、いつか回復します。同じように、人生もリカバリーできるのです。

最悪の事態を具体的に予想する

災害や疫病といった非常事態においては、どう努力してもお金のやりくりができない状況もありえます。そんなとき、むやみに不安を募らせることは、事態を悪くさせるだけです。

不安になるのは、先が見えないからです。ならば、知性を使っていまの現実を直視し、先のことを考えればいいだけです。

「どうしよう」ではなく「どうするかを考える」のです。間違っていてもいいから、自分の頭で考えることが大切です。

不安を解消するひとつの手段は、最悪の事態を予想しておくことです。

ポイントは、数字ベースで考えること。あらかじめ決めたラインを越えてしまったら、多少過激な強硬手段も辞さない覚悟を決めておくのです。

・貯金の取り崩し額が〇〇円になったら、リカバリーするまで習い事や外食をいっさいや

める

- **3カ月後も収入が回復しなかったら、転職活動をはじめる**
- **貯蓄が〇〇円以下になったら、荷物をまとめて実家に帰る**

このように、最後の一線を越えたときの行動を決めておくことで、気持ちがラクになります。

急激に売り上げが落ちている自営業者であれば、売り上げゼロが続いた場合の予算表を組んでみましょう。半年間はなんとか保つとわかったら「この状況が半年続いたら廃業して就職活動をはじめよう」などの覚悟ができます。それまでは、少しでも売り上げを伸ばすことを考えたり、次の仕事の準備をしたりすればいいだけです。不安になっている暇はありません。

安易な借金をしないこと

困ったときには、のどから手が出るほどお金がほしいものです。そんなときに絶対にしてはいけないのは、安易な借金です。

すべての借金が悪いわけではありません。きちんとした返済計画があれば、借金は有効なものです。住宅ローンや奨学金などがそれにあたります。

しかし、当座のお金ほしさの、返済の目処も立てられない借金は厳禁です。

借金は、いずれ返済しなくてはならない他人のお金です。しかも借りているあいだは利息がかかります。

事業資金を借りる場合でも、確固たる事業計画があり、事業拡大（＝利益を増やす）のためならいいのですが、焼け石に水のような借金を繰り返せば、やがて資金がまわらなくなってつぶれてしまいます。

家計において打開策がなく、借金しか手段がないようなときは、良質な融資からあたってみましょう。良質な融資とは、公的な融資です。利子や保証人がいらない、返済開始は

1年後から、返済期間は10年など、無理のない条件が設定されています。

軽い気持ちで民間の金融機関に借り入れをしてしまうと、すぐに支払いがはじまり、非常に高い利子を支払うという厳しい条件になります。安易に借金をすると、まさに負のスパイラルに陥ってしまうのです。

公的な支援を受けるためには、相談・申請といったステップが必要ですが、その手間を惜しんではいけません。

目先のお金ばかり見ない

マネジメントの父であるドラッカーは、短期的目標と中長期的目標のバランスの重要性を説いています。

本書で当面の短期的目標（3カ月）を乗り切ったら、これからの人生を中長期的目標（3年）でとらえる訓練をしましょう。

3年あればできること

・事業が軌道に乗るまで、3年
・新入社員が一人前になるまで、3年
・病気が完治するまで、3年
・200万円を貯めるまで、3年

このように、短い時間ではできなかったことも、3年あれば可能です。数カ月では難しくても、3年スパンで考えてみると、乗り越えられる気になるから不思議なものです。

コロナ禍は、1年から2年は完全終息しないといわれています。では3年たったらどうでしょう。3年先の未来には、光が差しているように思えます。

人生を3年単位の中長期でとらえてみましょう。なかにはうまくいく3年間も、平穏な3年間も、どん底の3年間もあるでしょう。

物事を中長期で考えると、自暴自棄な行動をせずにすみます。

お金に困った経営者は、質の悪い仕事を受けてしまいます。利が薄いどころか赤字になる案件を、目先のお金ほしさに受けてしまうのです。売り上げ1000万円、経費が

1500万円かかるような仕事を、です。3年先どころか数カ月先を予想すれば、「借金が500万円増える」と、小学生でもわかります。でも、受けてしまうのです。

家計の状態や事業の経営状態がよくないときこそ、

「長期的に考えたらどうかな」

「3年後、どうなっているかな」

とみずからに問うて行動してみてください。

収入が10%になっても、なんとか続ける道を模索する

このたびのコロナ禍や災害などで、これからもかなりの収入減に見舞われる方が多いでしょう。それでも支出を抑えて、なんとか「やめずにまわす」方向で考えていくことが大切です。たとえば、店の経営者が一度お店を畳んでしまったら、再開するのは非常に困難です。たとえ売り上げが10%になったとしても、その10%でなんとか経営をまわしていく、という意識でできるところまで続けてみましょう。

３カ月まわせる算段ができたら、３カ月は粘ってみる。そうすれば、事態は好転するかもしれません。どこまで粘れるかをきちんと見極めて、ギリギリまで粘る。そのあいだに事業縮小、方向転換などの準備をし、臨界点にきたら決断をするのです。

太く短くではなく、細く長く続けられるのがよい経営者です。特に店舗経営では、できるだけミニマムに続けていくことが大切です。

自転車に乗っているとき、ブレーキをかけて完全に止まってしまうと、ふたたび漕ぎ出すときに大きな力が必要になります。たとえゆっくりでも車輪をまわし続けていれば、加速するときスムーズです。

家計においても、お金の流れを止めないようにしましょう。たとえ仕事がなくなっても、アルバイトで数万円でも稼ぐことができれば、収入ゼロという事態を避けることができます。

会社員であれば、次の収入のあてもないのにかんたんに会社を辞めないこと。会社を辞めずに副業を探り、次の仕事を見つけるのです。

事業は止めるという最後の選択がありますが、家計を止めることはできません。収入が細くなるピンチのときは、同時に支出も細くします。

管理不能支出の割合が少ないほど、家計の柔軟性が増し、支出を抑えやすくなります。

ふだんから、フレキシブルな家計にしておけば、それができるのです。

窮地のときこそ、「誠実さ」を忘れてはならない

ここまで、苦しいときの家計のまわし方を解説してきました。

しかし、不安で不確実な時代にもっとも大切なことは、お金ではありません。

「誠実さ」です。

これまで私はビジネスやプライベートでいろいろな人を見てきました。最後にものをいうのは、お金でも地位でも権力でもなく、誠実さなのです。

ドラッカーも、経営者にもっとも重要な資質は「integrity（インテグリティ）」であると言っています。integrity とは、誠実、真摯、高潔といった概念を意味する言葉。リーダーやマネジメントに求められる資質や価値観を示す表現として、欧米の企業社会でよく使われています。

では、誠実さの本質とは何か。
私は「嘘をつかないこと」だと考えています。

- **見栄を張らない**
- **その場しのぎのごまかしをしない**
- **他人を陥れるような悪口を言わない**
- **相手によって態度を変えない**
- **自分を大きく見せない**

見栄やごまかしや悪口は、すべて嘘の仲間です。特にお金に関する嘘をつくと、大切な信用を失ってしまいます。たとえば、借金を返さずに放っておくのではなく、返せない理由を正直に打ち明ける姿勢を大切にしてください。窮地のときも、正直に、誠実に生きていれば、まわりが助けてくれるものです。

「貧すれば鈍する」という言葉のように、窮地において誠実さを保ち続けるのは、意外に難しいものです。ピンチのときこそ、みなさんの持つ誠実さを失わないでください。

第6章

平時を見据えて、収入を増やす

マネープレッシャーのない暮らしを目指して

ここまで、急な収入減を乗り切るための、緊急の家計管理方法をお伝えしました。

貯金を取り崩す緊迫家計は、緊急時の短期間だから実行できるわけで、この先一生、日々の支出に汲々としながら暮らしていくのは、かなりきついことです。

最後の章は、マネープレッシャーがない暮らしを実現するために、少し長いスパンで人生とお金の関係を考えていきたいと思います。

「マネープレッシャー」とは、いつも日々の支払いに追われ、お金の不安を抱えていることです。

お金がないのは、ほんとうにつらいものがあります。

長年、企業のコンサルをしてきた経験からいえば、経営がうまくいかず資金がまわっていない会社は、例外なく社内の雰囲気が殺伐としていました。

家庭も同じです。お金に余裕があるだけで、心の余裕が生まれ、日々の幸福度が上がります。「貧乏だけど家族が仲良くて楽しい」という家庭はありますが、それは、低収入でもマネープレッシャーがないからかもしれません。20万円の収入で、18万円で暮らしていければ、黒字です。18万円の支出の中身が、家庭の価値観に合ったものなら、幸福度も高いはずです。

日々のマネープレッシャーを完全に排除するには、支出を減らすか収入を増やすかのどちらかです。支出のコントロールについてはさんざん説明してきましたので、この章では収入について書いてみます。

収入を増やす4つの方法

収入を増やす方法は次のようなものが考えられます。

①会社員・公務員の場合、組織内で昇進

②これまでと同じ仕事をしつつ、取引先を増やす。もしくは副業をはじめる

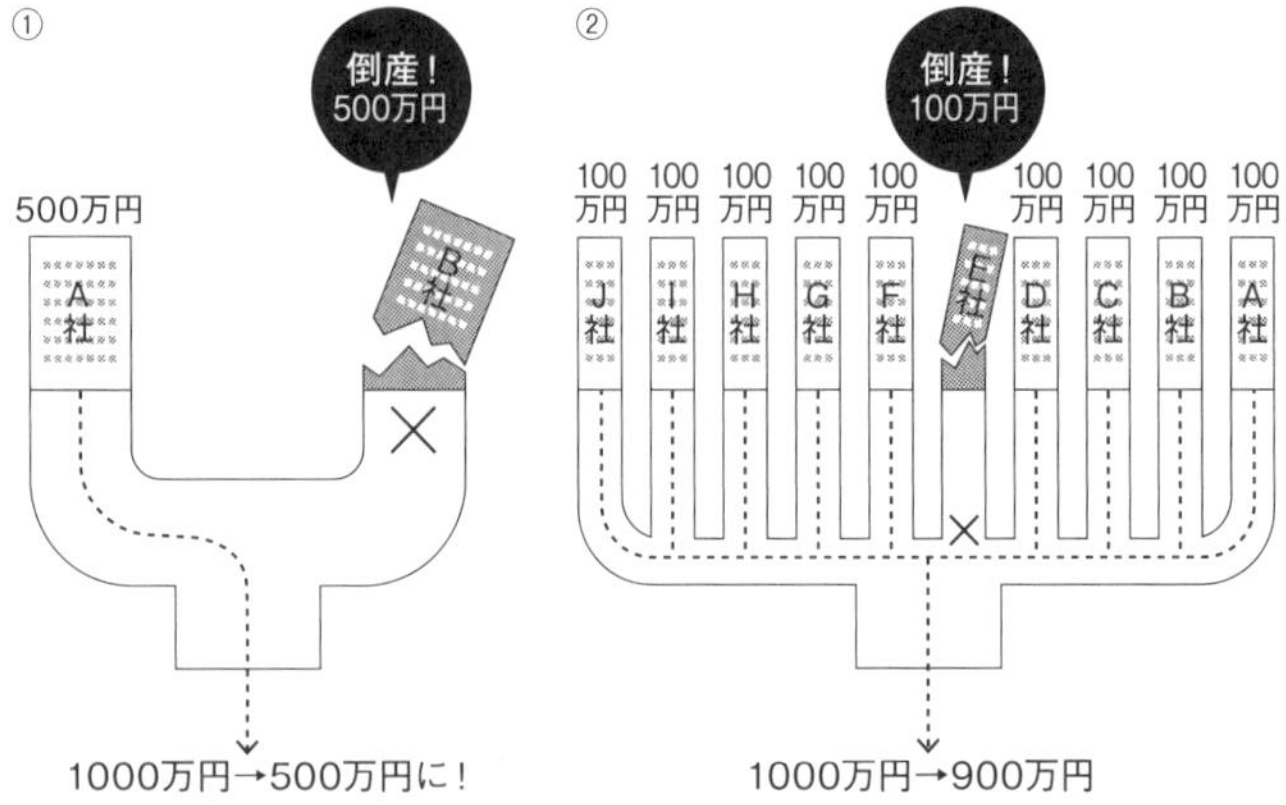

③転職、起業する
④新しい仕事に就くための勉強をする

このなかでいちばんすすめたいのが、②です。本業はそのままにして、副業をはじめます。または仕事内容が同じであっても、新たな取引先を増やします。これは、有事に非常に強いやり方です。

上の図を見てください。売り上げ１０００万円のふたつの会社があります。①の会社は太い顧客を持っていますが、取引先は2社のみ。②の会社は取引先1社あたりの入金額は少額ですが、複数の顧客を持っているため、取引先の倒産によって受けるダメージも少なくすみます。

太い顧客を持つよりも、細くてもいいから複数の顧客を持つほうが、不確実な時代に強いやり方です。会社員の人も、1万円でも2万円でも、会社以外のところから収入を得ることを考えてみてください。

ダブルワーク、トリプルワークというと、非常にハードな印象かもしれません。空いた時間にテープ起こしの仕事を引き受ける、近所のカフェで週に1回アルバイトしてみるといったことでかまいません。

自営業を長くやっていると、大きなクライアントの仕事がなくなることは、珍しいことではありません。私も何度も経験してきました。また、小さな仕事と思ってはじめたことが、太いパイプになることもあります。

いまは副業OKの企業も増えています。ほかの業種を体験することで、新しい発想につながったり、仕事の範囲を広げたりできるというメリットもあります。本業を辞めずに副業をはじめるなら、リスクもありません。収入を確保したまま次の展開を模索するチャンスともいえるでしょう。

何をすればいいかわからないという人は、ハローワークや求職サイトの募集要項を眺めてみましょう。どんな能力が求められているか、どんな仕事が増えているかという世の中の流れがわかります。選択肢を模索するヒントにもなります。

いまの仕事はそのままに、とにかく何かをはじめてみる。

取引先を増やすためのアプローチをはじめる。

先ほどのパイプを増やす構図を、常に頭に入れておいてください。

これから不確実な時代がやってきます。「定年まで安泰な大企業」や「一生食っていける資格」はなくなるでしょう。組織にいる人もいまいる場所に固執することなく、柔軟に仕事を増やすことを考えてみましょう。

長期的視点での種まき

先ほどの選択肢のなかの、

④新しい仕事に就くための勉強をする

ということも、大事な考えです。「将来の価値を生むのは何か」を念頭に、これから自分がどう社会と関わっていくのかを改めて考えると、見えてくることがあります。

１００年前のスペイン風邪は２年弱で終息に向かいました。会社の経営悪化や個人的な緊急事態であっても、無期限に続くわけではありません。有事の渦中においてこそ、常に先を見据えておく必要があります。

17世紀にヨーロッパでペストが流行したとき、アイザック・ニュートンは大学生でした。通っていたケンブリッジ大学が閉鎖され、故郷のウールスソープへ戻ることを余儀なくされたニュートンは、のべ18カ月の休暇中に、微分積分学、プリズムでの分光の実験、万有引力という彼の三大業績の着想と研究に没頭したそうです。

大学での雑事から解放され、故郷のウールスソープで落ち着いて、自由に思考する時間を得たことが、発想や創造を生んだのです。

ニュートンのこの18カ月間は「創造的休暇」とも呼ばれています。

急に収入が減ったり、生活様式が変わることは、チャンスのほうが多いと感じます。人間は苦しいとき、ものを考えます。新たな仕事や価値観の創造につながるのです。

いまの仕事が長く続けられない（続けたくない）場合は特に、「自分は何を仕事にしたいのか」に向き合い、その仕事がマネープレッシャーを解消する、価値のある仕事であるのか、深く考えるべきです。

転職をおすすめしているわけではありません。「転職でキャリアアップ、収入アップ」というのは、いまや夢物語。ますます不安で不確実な時代になることを考えると、賭けのようなものです。

では何をするのか。

勉強です。

やみくもに勉強するのではなくて、やりたい仕事に向かって、一つひとつ武器を身に着けていくような勉強をします。

私は過去、仕事のないときは、管理会計の知識を深め、たくさんの論文を書いて専門誌に投稿しました。日銭を追うような仕事（監査のアルバイト）はぐっとこらえて断りました。その結果、書籍執筆や講師の仕事の依頼を受けるようになりました。

資格取得の勉強もいいのですが、上級資格をとっても食えない時代がやってきます。大切なのは、他人より一歩抜きん出ることです。私は公認会計士、税理士という資格を持っていますが、おそらくその資格だけでは食っていけなかったでしょう。資格を柱に、「管理会計」「原価計算」「文章を書いて伝える」といった、オリジナルなスキルをコツコツ磨いたからこそ、現在65歳を過ぎても、監査、税務、経営コンサルタント、執筆、講演、大学教授など、複数のパイプを持つことができました。

思い返すと、これらの最初の種まきの多くは、20～30年前でした。芽が出るまで時間がかかったものもありますが、それでもあのとき何もやらないままだったら、いまだに税務と会計の仕事だけで、本を書くことなどなかったでしょう。

先日の自粛期間中には、最近錆びつき気味の（笑）会計士としてのスキルのアップデートのため、勉強時間をとりました。これは目先のお金を稼ぐ「仕事」や「勉強」ではありませんが、近い将来の収入や生産性を向上するものです。

短期、中期、長期と、視点を切り替えながら、いまやるべきことを考えていくと、手元の仕事が幅広いものになります。

人間、どうしても目の前に迫った「短期的な仕事」ばかりに追われてしまいますので、ときどき目線を遠くに向けるよう、心がけたいものです。

時間をつくる準備をする

すぐに副業をはじめたり、勉強を開始することが難しい場合は、「時間をつくるための準備」をしておきます。

ここに、小さな会社で事務をしているAさんとBさんがいます。

Aさんは大量の伝票を処理するために電卓を叩いています。忙しくてエクセルを勉強する時間がないそうです。

Bさんは、目の前の大量の伝票の圧迫を感じながらも、ひとまずそれを横に置いて、エクセルを勉強しました。伝票処理はもちろん、データベース管理やフォーマット作成までできるようになりました。

長期で考えると、AさんとBさんの生産性には雲泥の差がつきます。

Bさんは浮いた時間で、何ができるでしょうか。

本書の読者には、ぜひBさんのような戦略的な思考で、目先の忙しさに追われず、時間をつくるための動きをしていただきたいと思います。

時間をつくる準備が必要なのは、仕事面だけではありません。生活面でも、大掃除や断捨離、家具の配置換えなどをしておけば、すっきり暮らせて生活の無駄や雑事が減ります。間接的でも、時間をつくることはかならず将来の収入につながるはずです。

私自身も、ハードウエアとソフトウエアをいくつか新調し、デジタル環境を整えたことで、どこにいても同じ環境で仕事ができるようになりました。ほんの小さなことですが、ストレスもなくなり、空いた時間を自分が価値を感じることに使っています。

マニュアルワーカーから脱出し、テクノロジストになる

先ほどの選択肢の、

①会社員・公務員の場合、組織内で昇進

は、これまで多くの場合、収入アップの手段として有効でした。しかしポストコロナ時代においては古い方法になるはずです。社内での昇進を目指すよりも、自分の価値を高め、

会社を飛び出しても通用する人間になることのほうを優先すべきです。

経済学者フレデリック・テイラーによる科学的管理法によれば、労働者は大きくふたつに分けられます。

労働者のふたつの分類

・マニュアルワーカー
・知識労働者《ナレッジワーカー》

マニュアルワーカーとは、ルールや指示に従い、マニュアル通りに働く人のことです。そこに自分の判断はありません。だれがやっても同じ質を出せる仕事内容です。

マニュアルワークの特徴は、仕事を要素に分解できることです。要素をルール通りに組み立てることで、トップクラスの熟練工にも近づけるという前提があります。

19世紀から20世紀はマニュアルワークを機械に置き換えることで生産性を上げてきました。今後もＡＩによってコンピュータに置き換えられ、人間による仕事としては淘汰が進むでしょう。

一方、「知識労働者《ナレッジワーカー》」はマニュアルワーカーと違い、自分で考えて働きます。ドラッカーは知識労働者《ナレッジワーカー》を次の3つに分類しました。

知識労働者の3つの分類

①純知識労働者
②テクノロジスト
③サービス労働者

「純知識労働者」は、一部の先駆的な研究者やクリエイターです。彼らはまったく新しい、オリジナルな物や仕組みを生み出し、世界を牽引します。しかし数でいえばほんのわずかで、そのほかは「テクノロジスト」と「サービス労働者」に位置づけられます。

注目すべきは、「テクノロジスト」です。テクノロジストは、一部はマニュアルワーカーであり、一部は知識労働者です。いちばんの典型例が外科医であるとされています。外科医は人一倍の知識を持ちながら、みずからの手技で手術をおこないます。

テクノロジストは肉体と頭脳の双方を使う、人間本来の労働の姿です。この働き方を追求することが、生産性を上げるヒントになるでしょう。

弁護士、会計士、看護師、エンジニアなどもまた、テクノロジストといえるでしょう。専門知識をベースに、自分で適切な判断をしながら仕事をするからです。

一方「サービス労働者」は、知識労働よりも肉体労働（マニュアルワーク）の要素が多い知識労働者といえます。一見自分の判断で働いているように見えますが、確固たる知識がないため、その判断に裏づけや一貫性がありません。

外からはわかりにくいのですが、企業のなかにテクノロジストよりもサービス労働者の割合が増えるほど、生産性は下がります。

私たちが目指すべきは、自分の知識やスキルを磨きながら、判断の質を高めて行動する「テクノロジスト」です。

ドラッカーは、テクノロジストをオーケストラの演奏家にたとえています。

世界最高峰のオーケストラ、ベルリン・フィルのメンバーは、それぞれが超一流です。超一流のプレイヤーがオーケストラでは組織のひとりとなって、同じ楽譜を見て、指揮者の指示に従いながら、自分のパフォーマンスを最大限に上げる。そうすることで世にも美しく、人の心を打つような音楽を奏でることができるのです。全体の調和に貢献しつつも、単なる会社の歯車ではなく、組織を出てもソロとして通用する「テクノロジスト」を、ぜひ目指していただきたいと思います。それこそが収入アップの道だからです。

1年後、3年後、65歳時を考える

さて、話を家計に戻します。

本書の前半で「直近3カ月を乗り切るための緊急予算の作成」を実行しました。必死に予算をつくったみなさんは、ピンチを乗り切る準備ができたことと思います。

しかしピンチが過ぎ去ったあとも、人生は続いていきます。

家計の運営に定年やリタイアはありません。死ぬまで続くのです。そのためにも、長期的視野に立つことが大切です。

人生を長期でとらえるために、1年後、3年後、65歳時という3つの視点を持っておきます。

・1年後

現在の緊急事態がある程度終息すると仮定して、社会や自分にどのような変化があるか想像しておきましょう。今後の仕事や生活の方向性がどう変化するのか、または変化させたほうがよいのか見極めます。今後の収入を予想し、年間の予算表を作成すると、具体的なプランが立ち上がってきやすいはずです。

・3年後

3年という時間は、人生を変える大きなことを成し遂げられる時間です。必死で勉強すれば司法試験などに合格できるくらいの長さであると考えましょう。新しいビジネスを軌道に乗せるにも、仕込みに1年、スタート準備に1年、稼働に1年と、3年はかかります。「300万円貯蓄する」「起業する」「田舎暮らしをはじめる」など、3年後はどうなりたいかを考えて、いまやることを決めます。

3年間という月日は、何もしなければあっという間です。しかし計画的に行動することで、難関資格を取得したり、人生をリスタートさせたりできる期間であると肝に銘じましょう。

・65歳時（北極星）

仕事を辞める＝定収入がなくなる年を65歳と定義しています。この時点を「北極星」としてとらえます。北極星として設定する年齢が、60歳の人も70歳の人もいるでしょう。

さて、65歳の自分は、すごろくでいえば「あがり」のようなもの。自分の経済状況がどうあってほしいか、目標を先に決めてしまうのです。たとえば「住宅ローン完済・貯蓄3000万円」といった大きな目標を決めたら、それが人生の北極星になります。地球の自転軸の延長線上にある北極星は、どこにいても動かない確固としたものです。人生がどんな局面にあろうとも、最終的に目指す具体的な目標をつくっておくのです。

大切なことは、この3つに整合性を持たせることです。65歳で3000万円という北極星を決めたなら、そのために1年後、3年後はどうあるべきかが自ずと見えてくるはずです。現在の自分の行動や計画が、65歳の自分に一本の線でつながるようにイメージすることが大切です。

不動の北極星を決めておく

長期的視野に立つためにもっとも重要なのは、65歳時の北極星です。この北極星は不動だからです。

この北極星に向かうように、3年後、5年後、10年後の収入、仕事、住まいなど、人生の舵をとっていかなければなりません。

先ほど、65歳時点で「住宅ローン完済・貯蓄3000万円」という例をあげましたが、北極星は人それぞれです。各々の暮らし方、住まい、年金額などによって、必要なお金は変わってくるからです。

たとえば90歳まで生きて、年金額が月20万円と仮定します。

65歳以降の生活費が月25万円かかるなら、不足額は月5万円。年60万円の不足額が25年間続けば、1500万円。病気などへの備えを500万円と仮定して、2000万円でじゅうぶんという人もいるでしょう。

同じ条件で年金だけで暮らせるなら病気などへの備えのみでもいいでしょうし、30万円かかるなら３０００万円必要です。

将来田舎暮らしをする予定なら生活費は下がるでしょうし、都会に住み続けたいという場合は少しよけいに見積もっておいたほうがいいかもしれません。

65歳を過ぎても稼ぎ続けられる道をいまから探しておくというのも、ひとつの戦略になります。65歳から逆算すると、今後どのような家計設計をするべきか、見えてくるはずです。参考までに、北極星までの道のりメモを紹介します。

【45歳女性・４人家族（夫・子ども12歳、８歳）・共働き・現在の老後資金３００万円】

・北極星＊65歳　貯蓄２０００万円

これから10年は教育費にお金をかけたいので、老後貯金は年間60万円（毎月５万円）。55歳から65歳までの10年で年１００万円(毎月8万円)。住宅ローンは55歳完済予定なので、現実的なプランだと思う。

【38歳男性・２人家族（妻）・自営業・現在の老後資金１００万円】

・北極星＊70歳　貯蓄２０００万円

夫婦で飲食店経営。自営業で年金は少ないが、定年がないため70歳くらいまで働くことでカバーしたい。今後は年間60万円（毎月5万円）の貯蓄を死守して、安心できる老後を迎えたい。

【40歳女性・独身・会社員・現在の老後資金６００万円】

・北極星＊60歳　貯蓄３０００万円

賃貸マンション暮らし、定年まで勤務予定。独身で貯蓄しやすいため、今後20年間は年間１２０万円（毎月10万円）貯蓄予定。定年後は実家に戻り、両親の面倒をみながらのんびり暮らしたい。

【45歳男性・３人家族（妻・子ども1歳）・共働き・現在の老後資金１５００万円】

・北極星＊65歳　貯蓄３０００万円

晩婚で子どもを授かったので、学費のピークが定年間際になる。子どもがまだ小さいうち（今後10年間）は家計を引き締め、年間１２０万円（毎月10万円）貯蓄。早めに北極星に近づいておきたい。住宅ローン完済は65歳予定。

時間をお金で買う時代の次に来るもの

社会変容によって私たちの意識が変われば、パラダイムシフト（これまで当たり前だった認識や価値観が劇的に変わること）が起こります。

価値観が変わるということは、

・時間の使い方
・お金の使い方

が変わるということです。

私はこれまで書いた著作のなかで、時間の大切さを説いてきました。お金より時間のほうが、実はずっとずっと大切なのです。

時間は買えません。貯めておくこともできません。

しかしこの世に生きるすべての人に、平等に与えられたものです。

1時間あたりの満足度が、人生の幸福度、つまり価値になるわけです。

これまでは「時間をお金で買う」潮流でした。家事や育児はできるかぎりアウトソーシングして、合理的に時間を管理するほうへ加速していきました。

ここへきて、その意識やスピード感に、ストップが入ったような気がします。

生活様式が変わり、お金で買っていた時間を思いがけず手に入れたとき、私たちはそこにこれまで以上の価値を見いだせるかもしれません。

忙しくて外食が多かった人は、自分でていねいに食事をつくる機会が増えたのではないでしょうか。ぬか漬けや手作り味噌にチャレンジする時間も生まれます。効率優先で作り置きメニューをまわしていた人が、その日に食べたいものを買ってさっと料理して、できたてを食べる喜びを話してくれました。

いっしょに暮らす家族との関係は、これまで以上に大切なものになるでしょうし、家族や親しい友人とよりよい関係性を築くことは、お金以上の価値があると気づかされます。

本を読む、勉強する、ボランティアをする、創作活動をするといった、直接お金を生まないものに時間を割くことが増えるかもしれません。

直接お金を生まなくても、価値を生む時間の使い方をしていれば、いつかかならず自分の価値となって返ってきます。ものづくりや他者へのサービスなど、自分はどんなアウトプットができるのか、立ち止まって考えてみるチャンスです。

人生の三大支出をとらえ直す

お金と時間の価値観が変わったとき、特に大きな影響をおよぼすのが、人生の三大支出といわれる①教育費、②住居費、③老後資金です。この三大支出が変化すると、65歳時の北極星も設定しなおすことになるはずです。

①教育費

共働きで忙しい家庭は、教育費を外注しがちです。それ自体は決して悪いことではないのですが、少しの時間を作り出すことで「親子間の知的なふれあい」が生まれ、外注する以上の効果を出せることもあります。

・本の読み聞かせをする
・ニュースを見ながらおしゃべりをする
・散歩をするなかで花の名前や動物の名前を教える
・いっしょに料理をする
・同じ趣味（スポーツ、アウトドアなど）を持つ
・自分の仕事の話をする

お金をかけずに子どもの知的能力を伸ばすことはじゅうぶんに可能です。どんな人にも「自分の得意分野」があります。スポーツが得意な人、映画や本などの芸術分野に明るい人、料理や工作などクラフト的技能を持っている人もいるでしょう。いっしょに海外の映画を観ることが、高価な短期留学プログラムに匹敵することもあるのです。

知り合いのワーキングマザーは、このたびのコロナ禍で働き方を変えて時間ができたことで、

・公文をやめる→朝30分、いっしょに漢字ドリルをやる
・週に1回、料理を頼んでいたお手伝いさんをお休みにする→子どもの話を聞きながら

・夕ご飯をつくる習慣に
・学童の延長契約をやめる→18時に帰宅する。子どもと自分の疲労度が減った

という変化があり、月額にして20000円も支出の削減になったそうです。

②住居費

テレワークの拡充により、通勤の頻度が下がったり、在社時間が減ったりという社会変容が起きつつあります。通勤がなくなれば、都心に住むメリットは小さくなるでしょう。

・家賃相場の安いエリアへの引っ越し
・環境のよい郊外に一戸建てを購入

こういった新しい選択肢が考えられるようになります。都心から郊外に居を移せば、家賃相場や不動産価格は確実に下がります。長期で考えれば、数千万円の支出が抑えられる可能性があります。

③老後資金

収入減によってマネープランを見直した結果、思うように老後資金が貯められないという不安も出てくるでしょう。特に50代、60代の場合、老後はそう遠いものではありません。軌道修正が難しいケースも出てくるかもしれません。

- **長く働く**
- **住む場所を変える**
- **老後の生活スタイルを見直す**

人生100年時代には、たとえ3万円、5万円の月額収入であっても、長く働けるような準備をしておくことが安心につながるでしょう。悠々自適でぜいたくな老後は難しいかもしれませんが、健康を維持しながら無理なく働くことで、マネープレッシャーは小さくなります。また、都会での老後生活ではなく、田舎で小さな畑を持ち、野菜を育てながらお金のかからない暮らしを楽しむといった選択肢も考えられるのではないでしょうか。

おわりに　不確実な時代を生き抜くみなさんへ

本書では、家計が緊急事態に陥ったときの応急処置として、家計管理の基本をシンプルにまとめました。

本書を究極に要約すると、次のようになります。

・目をそらさず、「現実」を見ること

・現実に即して、「自分の頭で」考えること

そして、

・決して嘘をつかず、誠実な姿勢を貫くこと

この3つができていれば、たいていのことはなんとかなるものです。

不確実な時代を生き抜くために必要なのは、たくさんのお金ではありません。みなさんの知性や知恵なのです。

しかし、たかがお金、されどお金です。

人は追い詰められると、ふだんでは考えられないような行動をとります。

その結果、たかがお金のことで命を絶つような人が出てくるでしょう。そんなことは、断じてあってはならない。その想いで、私は本書を執筆しました。

人生山あり谷あり。

いいことも悪いことも、そう長くは続きません。

長いあいだ商売をしている人はわかると思いますが、業績が落ち込んだり、仕事がうまくいかなかったりする時期はかならずあるものです。

本書でも繰り返し伝えてきましたが、どんな窮地にあっても、かならず状況は変わり、道はひらけます。たとえどん底まで落ちたとしても、命さえあれば、かならずリカバリーできます。

予測不可能な、不確実な時代に備えるには、現実への対応力が必須です。

みなさんは、本書で家計を立て直すスキルを備えました。これから先、どんなピンチが訪れてももう大丈夫。本書で身につけたスキルと知性を使って、臨機応変に軌道修正していけばいいだけです。

本書が、先の見えない不安を抱えている人が未来をクリアにするための一助となれば、著者としてこれほどうれしいことはありません。

不動の北極星を目指して、いまを乗り越えましょう。

人生はまだまだこれから。家計管理は、死ぬまで続きます。

2020年7月　林　總

手当などの一部を助成する
助成額は1人1日15000円を上限に、中小企業は休業手当の最大100%、大企業は最大75%
アルバイト、パート（週所定労働時間20時間未満）も対象
対象期間は2020年4月1日から2020年9月30日まで
〈申請・相談先〉
最寄りの労働局あるいはハローワーク

● 休業要請支援金
（自治体ごとの制度）
〈対象〉
新型コロナウイルス感染症の影響で休業要請に応えた事業者
〈内容〉
各自治体による（受付終了の自治体もあります）
〈申請・相談先〉 各自治体の窓口
例）東京都感染拡大防止協力金（支給額は50万円、2店舗以上有する事業者は100万円）

納税が難しい

● 国税猶予の特例
〈対象〉
2020年2月以降の任意の期間において事業収入が前年同期に比べて概ね20%以上減少し、納税が困難な事業者
〈内容〉
延滞税なし、1年間納税が猶予、無担保
2020年2月1日から2021年2月1日に納期限が到来する国税が対象
〈申請・相談先〉
国税局猶予相談センター

家賃の支払いが厳しい

● 家賃支援給付金
〈対象〉
事業のために賃料を支払い、2020年5月から12月までの売上高が1カ月で前年同月比50%以上減少、または連続する3カ月の合計で前年同期比30%以上減少している事業者（資本金10億円未満）
〈内容〉
法人に最大600万円、個人事業者に最大300万円を一括支給（申請時の直近1カ月における支払い賃料に基づき給付額を算定）
〈申請・相談先〉
家賃支援給付金 コールセンター
☎ 0120-653-930

事業者向けの支援策は、ほかにも「固定資産税等の軽減」、テレワーク推進のための「働き方改革推進支援助成金」「IT導入補助金」「中小企業経営強化税制」、あるいは業界ごと、自治体ごとなど、たくさんのものが準備されています。ためらわず、取引銀行や行政機関などに相談をすることからはじめましょう。

【② 事業者(中小企業・個人事業者・フリーランス)向け】

資金繰りが厳しくなりそうなら、早めにお金を確保することが大切です。
とくに公的な借入制度は金利も非常に低く(あるいは実質無利子)、
支払い条件も有利なので、早めに申請してお金を準備しておき、
不要であれば返せばよいくらいの心づもりで。
また、自身での申請が難しい場合、税理士に相談しましょう。

現金給付を受けられる

● 持続化給付金
〈対象〉
新型コロナウイルス感染症の影響でひと月の売上が前年(2019年)同月比で50%以上減少している事業者(中小企業、個人事業者、フリーランス、NPO法人)
〈内容〉
中小企業は200万円、個人事業者等は100万円まで(昨年1年間の売上からの減少分が上限)、申請は2021年1月15日まで
〈申請・相談先〉
持続化給付金事務局、持続化給付金事業コールセンター
☎ 0120-115-570

お金を借りたい

● 新型コロナウイルス感染症特別貸付
〈対象〉
新型コロナウイルス感染症の影響で最近1ヵ月の売上高が前年または前々年の同期と比較して5%以上減少している個人事業者、中小企業等
〈内容〉
上限8000万円(中小企業は6億円)
最長5年間元本の返済が不要、無担保で借入可能
当初3年間は低減利率適用
〈申請・相談先〉
日本政策金融公庫、商工中金など

● 信用保証付き融資
(セーフティネット保証4号・5号)
〈対象〉
新型コロナウイルス感染症の影響で経営の安定に支障が生じている中小企業・小規模事業者など
〈内容〉
一般枠とは別枠で借入債務を保証(4号は借入債務の100%、5号は借入債務の80%)
〈申請・相談先〉
最寄りの信用保証協会または取引のある金融機関

休業するときは

● 雇用調整助成金(新型コロナ特例)
〈対象〉
新型コロナウイルス感染症の影響で休業等を行い、雇用維持を図った一定の条件を満たす事業者
〈内容〉
従業員の雇用維持を図るために、休業

住宅ローン返済が厳しい

● 返済方法の変更
（住宅金融支援機構）
〈対象〉
住宅金融支援機構の「フラット35」等を利用して住宅ローンを借りている人で、新型コロナウイルス感染症の影響によって返済に困っている人
〈内容〉
最長15年の返済期間の延長に応じる返済特例（返済期間の延長など）、中ゆとり（一定期間返済額を軽減）、ボーナス返済の見直しといった返済方法変更が可能
〈申請・相談先〉住宅金融支援機構など
＊他の金融機関でも、収入が減少した世帯に毎月の返済金額の減額といった条件変更に手数料なしで応じるなど、相談に乗ってくれる。

子どもの休校で収入減に

● 新型コロナウイルス感染症による小学校休業等対応支援金
＊フリーランス向け（会社員は勤務先が「小学校休業等対応助成金」を申請）
〈対象〉
新型コロナウイルスの感染拡大防止策として小学校等が臨時休業した場合等に、その小学校等に通う子どもの世話を行うため契約した仕事ができなくなった保護者
〈内容〉
対象期間は2020年2月27日から2020年9月30日まで
日額7500円（2月27日から3月31日までは4100円）が一律給付
申請は2020年12月28日まで
〈申請・相談先〉
学校等休業助成金・支援金、雇用調整助成金コールセンター
☎ 0120-60-3999

感染して働けないときは

● 新型コロナウイルス感染症に係る傷病手当金
〈対象〉
健康保険等の被保険者で、業務災害以外の理由により新型コロナウイルス感染症に感染し、療養のため労務に服することができない人（国民健康保険は市区町村による）
〈内容〉
労務に服することができなくなった日から起算して3日を経過した日から労務に服することができない期間が対象
1日あたり（直近12ヵ月の標準報酬月額の平均額÷30日）×3分の2を支給
〈申請・相談先〉
加入している健康保険の窓口

各種支払いが苦しいときは

● 各種サービス等の支援制度
〈対象〉
新型コロナウイルス感染症の影響で支払いが困難な人等
〈内容〉
電気、ガス、水道、携帯電話料金、社会保険料（国民健康保険料、国民年金保険料など）、民間保険料、NHK受信料、税金などの減免・支払期日の延長等
〈申請・相談先〉各支払先の窓口に相談

支援制度一覧

新型コロナウイルス感染症（COVID-19）関連の主な支援制度をまとめました。
［2020年7月現在］

【①個人向け】

すべての国民*が対象となる10万円の「特別定額給付金」のほかにも、
助成や給付はたくさんあります。従来の支援制度を拡充したものも増えています。
ここに紹介したもの以外に、市区町村独自の支援なども多くあるため、
困りごとがあれば迷わず市区町村の窓口などに相談してみましょう。
*2020月27日時点に住民基本台帳に記録されている人。

生活費に困ったら

● 緊急小口資金
〈対象〉
新型コロナウイルスの影響を受けて、休業等による収入の減少があり、緊急かつ一時的な生計維持のための貸付を必要とする世帯
〈内容〉
10万円以内（学校等の休業、個人事業者等の場合20万円以内）
据置期間1年以内、償還期限2年以内、無利子、保証人不要
〈申請・相談先〉
市区町村の社会福祉協議会など

生活費に困ったら・失業したら

● 総合支援資金
〈対象〉
新型コロナウイルスの影響を受けて、収入の減少や失業等により生活に困窮し、日常生活の維持が困難となっている世帯
〈内容〉
2人以上世帯は月20万円以内、単身世帯は月15万円以内（貸付期間は原則3ヵ月以内）、据置期限1年以内、償還期限10年以内、無利子、保証人不要
〈申請・相談先〉
市区町村の社会福祉協議会
*緊急小口資金、総合支援資金は失業等給付、生活保護、年金等、他の公的給付等を受けている場合は原則として支援の対象とならないが、コロナ禍においては特例として使途や緊急性によっては臨機応変に対処する。

家賃が払えないときは

● 住居確保給付金
〈対象〉
離職等により経済的に困窮し、住居を失ったまたはそのおそれがある人（収入・資産・就職活動条件あり）
給与等を得る機会が当該個人の都合によらず減少し、離職や廃業と同等の状況にある人
〈内容〉
賃貸住宅の家賃額（上限あり）、支給期間は原則3ヵ月間（最長9ヵ月まで）
〈申請・相談先〉 自治体の相談窓口

林 總 はやしあつむ
公認会計士、税理士、明治大学大学院特任教授（管理会計）。
外資系会計事務所、監査法人勤務を経て独立。
現在、経営コンサルティング、執筆、講演活動をおこなっている。
『餃子屋と高級フレンチでは、どちらが儲かるか?』（ダイヤモンド社）、
『ドラッカーと会計の話をしよう』（中経出版）、
『正しい家計管理』（WAVE出版）などの著書がヒット。
「支出は価値観のあらわれ」であり、
家計管理は「満足度の高い人生」のためにおこなうもの。
「節約」や「貯金」をやみくもに推奨せず、
自らの価値観に向き合う家計管理法が読者の信頼を得ている。

不安な時代の家計管理

2020年8月13日 第1版第1刷発行

著 者 林總
発行者 樋口裕二
発行所 すみれ書房株式会社
〒151-0071 東京都渋谷区本町6-9-15
https://sumire-shobo.com/
info@sumire-shobo.com〈お問い合わせ〉
印刷・製本 中央精版印刷株式会社

 ISBN 978-4-909957-06-1
Printed in Japan NDC591 159p 19cm

〈本書で使った紙〉
本文／ソリストミルキー カバー／グラフィーハンプF 帯／ポルカフラミンゴ
表紙／マーメイドネオ・シトロン 見返し／ポルカソーダ